かなづかい研究の軌跡

今野真二
KONNO Shinji

笠間書院

かなづかい研究の軌跡

今野真二

笠間書院

かなづかい研究の軌跡

【目次】

はじめに

かつて「かなづかい」は過去の日本語についての研究において、大きな位置を占めていたといってよい。「過去の日本語についての研究」は、過去の日本語そのもののありかたについての研究である「国語史研究（日本語史研究）」と、過去の日本についての観察、研究についての研究である「国語学史研究（日本語学史研究）」とに分かれる。

例えば『日本語の歴史』（一九九七年、東京大学出版会）は、おおむね「国語史（日本語史）」的な観点から「日本語の歴史」について述べていると思われるが、その第三章「鎌倉・室町時代」の「二　文字」において「仮名遣の論議」という小見出しを設け、その条において、「仮名遣が論議された最初は藤原定家によるものとされる」（九十二頁）と述べ、以下、いわゆる「定家かなづかい」についての記述が続く。そしてこの条は「鎌倉・室町時代を通じて、定家仮名遣は、仮名遣の主流であった」という言説で終わる。この言説をそのまま受け取れば、鎌倉・室町時代は、ほとんどすべての人が「定家仮名遣」によって書いていたということになる。この言説の直前には、定家が「を・お」を「当時のアクセントをもとに（上声を「を」・平声を「お」）と使い分け」（九十三頁）ていたことが記されており、そのことをふまえれば、ほとんどすべての人がそういうことを認識し、そうした「かなづかい」を実行していたことになるが、そうしたことは証明されていないのではないだろうか。ここには「定家仮名遣」がどのような「文字社会」で使われていたかという記述はみられない。

あるいはまた、渡辺実『日本語史要説』（一九九七年、岩波書店）も、おおむね「国語史（日本語史）」的な観点から「日本語の歴史」について述べていると思われる。その第Ⅲ部「古代語から近代語へ」は「第一章　衰えゆく語形変化―活用体系の変遷」「第二章　定家仮名遣―アクセントの変遷」「第三章　真名本・往来物・節用集―生活の中の漢字」と三つの章に分けられているが、第二章が「定家仮名遣」の記述にあてられている。この第二章は、「定家仮名遣」について述べながら、日本語の音韻変化、アクセントの体系的変化について説明しているという趣きもあるが、大野晋（一九五〇）の主張はそのまま説明されている。ここにも「定家仮名遣」がどのような「文字社会」で使われていたかということについては記述されていない。

「定家かなづかい」についていえば、そうしたものが行なわれていたとして、それが、右に述べたように、これまでどのような「文字社会」において行なわれていたかということが十分に意識されないままに論じられてきたのではないだろうか。もちろんそうしたことに十分配慮しながら展開している論もある。しかし、本書中でも述べたが、「古典かなづかい」→「定家かなづかい」→「契沖かなづかい＝歴史的かなづかい」という単線的な展開として理解している日本語研究者は少なくないのではないか。そういう意味合いにおいては、「定家かなづかい」はいわば大きく採りあげられ過ぎてきたのではないか。

また本書中では「定家かなづかいという日本語学のトピックが描いた軌跡」という述べ方をしたが、その「軌跡」は日本語学という学、あるいはその学にかかわる人が描いた「軌跡」であることはたしかで、その「軌跡」を（いわば冷静に）トレースすることにはさまざまな意味合いにおいて意義があるのではないか、というのが本書の問題提起でもある。

特に、藤原定家という一人の人物の言語使用についての考察のみが繰り返され、藤原定家の周辺、あるいは同じ「文字社会」に属していると思われる他の人物、さらには異なる「文字社会」における言語使用に対する観察が十分には行なわれてこなかったことは望ましいこととはいえないであろう。

亀井孝はキリシタン版のかなづかいが「定家かなづかい」とかかわりがあるのではないかということを述べた。そのことをどのように検証するかということもあるが、「文字社会」という観点からいえば、キリシタン版はどのような「文字社会」と接点をもっていたかという問いでもある。稿者は、キリシタン版『落葉集』に看取される「仮名文字遣」が、大山祇神社神社連歌に看取される「仮名文字遣」とちかい「型」をもっていることを指摘した。それは、「接点」ということに関しての一つの答え（の可能性の提示）であると考えるが、それで事足りているかどうか。

また、「かなづかい」と「仮名文字遣」とを、仮名を使って日本語を書くにあたっての「二つのmodo」ととらえた場合に、両者がどのように機能しているかということをさらに考えることも必要であろう。「かつて書いていたように書く」という書き方を選んだ場合、実際の発音とは乖離する点を含むことになる。「今、ここで発音しているように書く」という書き方は「表音的な書き方」ということになるが、「表音的な書き方」を徹底させて書くことは、実際は案外とないと思われる。とすれば、「表音的な書き方」を一方の極に置き、「文字社会」の要求や、具体的な文書作成の目的等に応じて、「非表音的な書き方」を交えるということになる。「仮名文字遣」は異体仮名の使い方であるので、そのすべてが表音ということにかかわっているわけではないが、表音にかかわる「仮名文字遣」は「非表音的な書き方」を幾分なりとも補っているとみることができる。そうした観点も必要であろう。「かなづかい」を「仮名で日本語を書く書き方」と言い換えた場合、それはむしろ広がりをもつことになる。仮名で書かれている文献をどう読み解き、どのように語にたどりつくか、ということは過去の言語（日本語）を考えるにあたってのいわば「基礎作業」であり、そのことへの目配りなく過去の言語（日本語）について考えることはできない。

亀井孝の「準かなづかい」はそうした点についての問題提起として受け止めることができる。稿者は、やはり「トナユル」という語を仮名書きする場合には「となふる」と書くというみかたを（現時点では、といっておくことにするが）認めることはできない。河野六郎が「いかにすぐれた表音文字でもその表わすべき音声の実相にとってははなはだもって粗笨《そほん》である」（一九七七年、岩波講座『日本語 8 文字』所収「文字の本質」五頁）と述べるように、文字によって、語を発音どおりに書くことはできないのであって、そうした認識をもっておく必要もある。

「かなづかい」は「仮名で日本語を書く書き方」であるので、まずは仮名勝ちに書かれた文献を観察対象とすることになるが、漢字を交えて日本語を書いた場合に、「かなづかい」ということにどのような影響がでるか、という検証も十分には行なわれていないのではないだろうか。ある時期からの日本語の書き方としては、ある程度漢字を交えて書くことをいわば「デフォルト＝標準」としていると思われる。その場合、一般的には「かなづかい」ということがら自体が書き方の主要なことがらではなくなるということはわかるが、漢字と仮名とがどのように（そういうものがあるとして）「機能」を分担しているか、ということは一度は考えてよい課題であろう。

本書では、「かなづかい」にかかわる、先学の論文三つを採りあげ、それらの「トレース」をしながら、さまざまな問題について考えることを目的とした。「トレース」はやはり難しく、十分ではないという自覚はあるが、その一方で、得られたこともあると考える。本書の「トレース」を下敷きにして、もう一度丁寧な「トレース」を行ない、考えを深めていきたい、というのが「トレース」を終えてまず思ったことであった。

序章

論の継承と展開

本書の目的

本書では、次に掲げる論文をそれぞれ、第1章、第2章、第3章において採りあげた。

大野晋《おおのすすむ》　仮名遣の起原について　一九五〇年十二月　（『国語と国文学』第二七巻第十二号）
安田章《やすだあきら》　吉利支丹仮字遣　一九七三年九月　（『国語国文』第四十二巻第九号）
亀井孝《かめいたかし》　〝準かなづかい〟をめぐる動揺くさぐさ　一九八三年十一月　（亀井孝、H・チースリク、小島幸枝著『日本イエズス会版キリシタン要理』岩波書店、第六章§2）

それぞれの論文が発表された時期は右に示したように異なり、また論点としていることがらも異なる。しかし、それぞれの論文の題名には「仮名遣」「仮字遣」「準かなづかい」とあって、「かなづかい」にかかわる論としてとらえることはできよう。

それぞれの論文を、「追実験＝トレース」することによって、「かなづかい」ということがらを国語学、日本語学がどのように採りあげ、そこにどのような問題意識を投影してきたか、ということを稿者なりに考え、整理するということが本書の目的である。本書においては、「かなづかい」ということがらを繰り返しとりあげることになるので、ここでまず稿者の考える「かなづかい」の定義を示しておくことにする。また本書においては、（引用箇所は当然のことながら別とし、またすでに習慣的に「仮名遣（い）」という書き方を使うことが定着している場合を別として）「かなづかい」という書き方を採ることにする。次に掲げる定義は拙書『かなづかいの歴史』（二〇一四年、中公新書）で示したものとほぼ同じである。

かなづかいの定義

「かなづかい」とは、表音系文字である仮名を、ある語を書き表わすためにどのように使うかということで、これを圧縮して表現すれば「仮名の使い方」ということになる。「上代特殊仮名遣」「古典かなづかい」「藤原定家のかなづかい」「井原西鶴のかなづかい」「定家かなづかい」「現代仮名遣い」にはすべて「仮名遣（い）」が含まれているが、すべてが同じ意味合いの「かなづかい」ではない。「上代特殊仮名遣」は、上代における「万葉仮名」の使い方ということであり、また「古典かなづかい」は、日本語の音韻と、それを表わす仮名との間に一対一の対応が保たれていた時期に行なわれていたかなづかいのことを指しており、これらは「仮名の使い方」に関わる呼称ではあるが、狭義の「かなづかい」にはあたらない。狭義の「かなづかい」は日本語の音韻と、それを表わす仮名との間に一対一の対応が保たれなくなった時期において、設定される概念である。音韻は減少していったため、結果的に仮名が「余る」こととなり、この余った仮名をどのように使うかということが狭義の「かなづかい」ということになる。余った仮名をどのように使うかということについて、規範、もしくはそれにちかいものを定めると、それは「仮名の使い方の規範」ということになるが、これも「かなづかい」と呼ばれる。「定家かなづかい」「現代仮名遣い」はそうした「規範」としてのかなづかい」にあたる。また、ある文献の仮名の使われ方を観察し、整理すると、ある文献の「仮名の使い方」を提示することができる。文献の書き手に着目すると、藤原定家の書いた文献の「仮名の使い方」や井原西鶴の書いた文献の「仮名の使い方」ということになるが、これが「藤原定家のかなづかい」「井原西鶴のかなづかい」ということになる。これらはいわば「実態としてのかなづかい」ということになる。またもともとは音韻と仮名との間に一対一の対応が保たれていたのであって、それは（厳密にはそのようなことはできないが）発音のとおりに仮名を使うということであって、これを「表音的表記」とみることができる。つねに「表音的表記」をめざせば、余った仮名をどのように使うか、すなわち「かなづかい」は問題にはならないことになる。

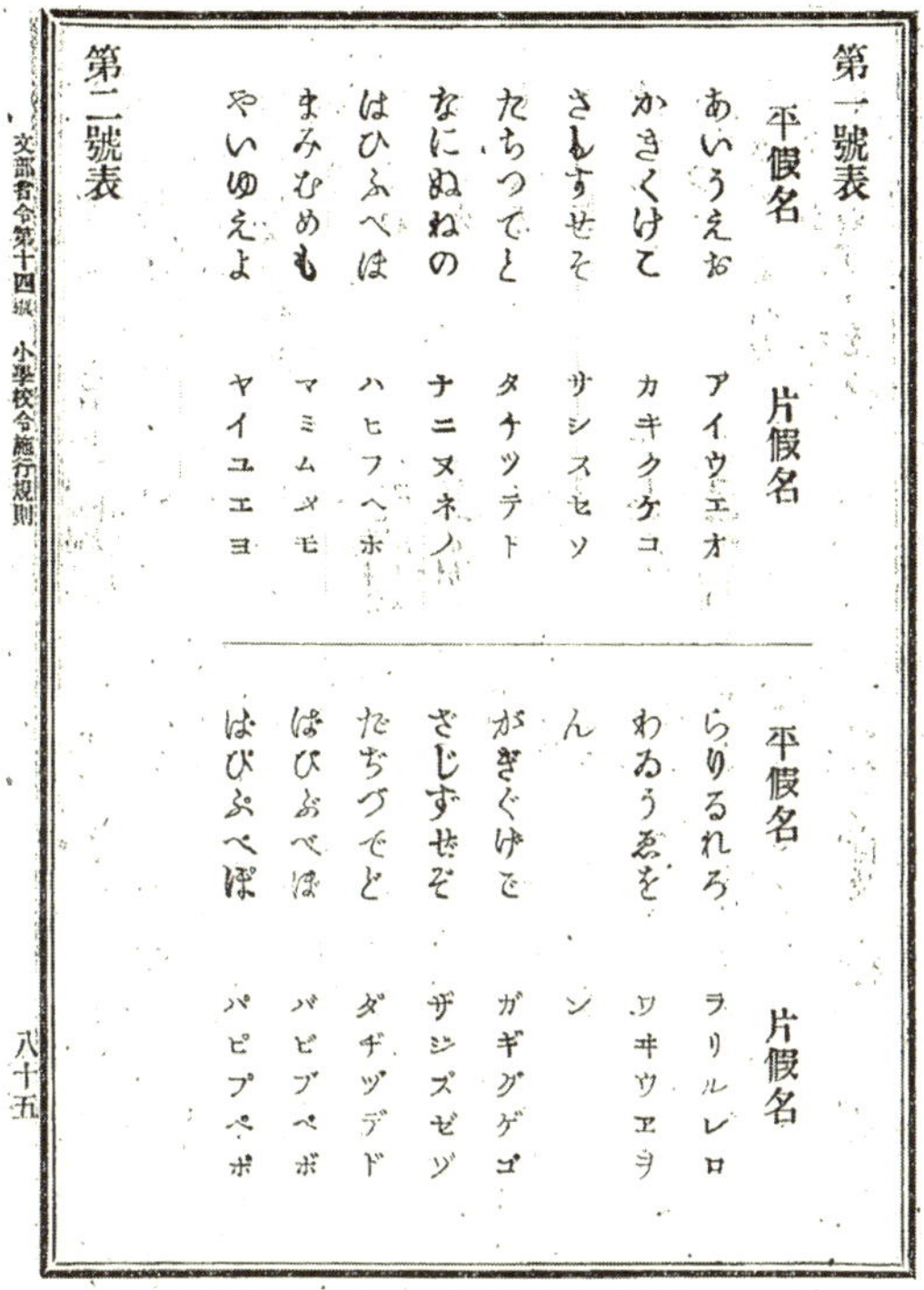
文部省令第十四號　小學校令施行規則

第一號表

平假名	片假名
あいうえお	アイウエオ
かきくけこ	カキクケコ
さしすせそ	サシスセソ
たちつてと	タチツテト
なにぬねの	ナニヌネノ
はひふへほ	ハヒフヘホ
まみむめも	マミムメモ
やいゆえよ	ヤイユエヨ

平假名	片假名
らりるれろ	ラリルレロ
わゐうゑを	ワヰウヱヲ
ん	ン
がぎぐげご	ガギグゲゴ
ざじずぜぞ	ザジズゼゾ
だぢづでど	ダヂヅデド
ばびぶべぼ	バビブベボ
ぱぴぷぺぽ	パピプペポ

第二號表

八十五

文部省令第十四号「小学校令施行規則」「第一号表」

変体仮名・異体仮名

明治三十三（一九〇〇）年八月二十一日に、文部省令第十四号としてだされた「小学校令施行規則」の第一章「教科及編制」の第一節「教則」の第十六条には「小学校ニ於テ教授ニ用フル仮名及其ノ字体ハ第一号表ニ、字音仮名遣ハ第二号表下欄ニ依リ又漢字ハ成ルヘク其ノ数ヲ節減シテ応用広キモノヲ選フヘシ」とあって、その「第一号表」に掲げられた、平仮名、片仮名の字体を小学校で教育することが示された。それ以降、「第一号表」に掲げられている仮名字体が小学校で教えられ、次第に標準的な字体として定着していくことになる。この時点を境にして、この「第一号表」に載せられていない仮名字体を「変体仮名」と呼ぶようになった。したがって、「変体仮名」という用語を厳密に使うとすれば、明治三十三年以降の時期において、「第一号表」に載せられていない仮名字体を「変体仮名」と呼ぶということになるが、そのようにこの「変体仮名」という用語を使うことはむしろ少ない[註1]。「変体」は何かに対しての変＝バリエーションであることを思わせる呼称であり、その何かを仮に「正体」と呼ぶことにすると、「第一号表」に載せられている「正体仮名」に対しての「変体仮名」ということになる。本書においては、「変体仮名」という用語は右のように限定して使うことにし、右で述べた「正体仮名＋変体仮名」の総称として「異体仮名」という用語を使うことにする。「異体」も何かに対しての異＝バリエーションであることを思わせる呼称である点では「変体仮名」と通うが、「変体仮名」を右に述べたように限定して使用することを前提として、「変体仮名」とは異なる呼称として「異体仮名」を使うことにしたい。この「異体仮名」という用語を使う時期は、特に定めないことにする。

仮名文字遣

「かなづかい」は仮名の使い方についての概念であるが、「異体仮名」をどう使うかという概念を「仮名文字遣《かなもじづかい》」と呼ぶことにする。用語としての「仮名文字遣」は池田亀鑑『古典の批判的処置に関する研究』（一九四一年、岩波書店）に「土左日記の仮名文字遣」（I、二三二頁）というかたちでみえているので、これに従った。安田章は「仮名資料序」（『論究日本文学』第二十九号、一九六七年、後二〇〇九年、清文堂『仮名文字遣と国語史研究』に再収、引用は後者三十二頁による）において「語単位としての仮名遣以前の、字そのものの使い方、仮名文字遣について検討する必要があることになろう」と述べており、やはり「仮名文字遣」という用語を使う。一方、迫野虔徳《さこのふみのり》「定家の「仮名もじ遣」」（『語文研究』第三十七号、一九七四年）は「安田章氏の用語にならった」と述べながらも、「若干用語の規定が異るようでもあるし、行阿の同名の仮名遣書との混乱をさけるために、いま「仮名もじ遣」とした」と述べ、「仮名もじ遣」という書き方を採る。稿者は池田亀鑑、安田章と受け継がれてきた用語（ならびにその書き方）を踏襲したいと考えるし、行阿《ぎょうあ》『仮名文字遣』は書名として二重鉤括弧に入れて表示すれば紛れることはないと考えるので、（これまでもそうであるが）ここでは「仮名文字遣」と表示する。

　先に述べたように、先学の論考を浅学の稿者が追実験＝トレースするという試みを行なうのが本書の目的であるが、追実験＝トレースは、結局はそれぞれの論考において使われている用語がどのような概念をあらわしているか、という確認でもある。「仮名文字遣」という用語、概念は安田章「吉利支丹仮字遣」においても使われ、藤原定家の表記をめぐってもしばしば言及される概念であるので、ここで整理、検討しておくことにする。

仮名文字遣の概念

迫野虔徳（一九七四）が発表された時点で発表されていた安田章の論文には次のようなものがあるので、それらをふまえたものと考えるのが自然であろう。

仮名資料序　『論究日本文学』第二十九号（一九六七年一月）
仮名文字遣序　『国語国文』第四十巻第二号（一九七一年二月）
仮名資料　『国語国文』第四十一巻第三号（一九七二年三月）
吉利支丹仮字遣　『国語国文』第四十二巻第九号（一九七三年九月）

迫野虔徳（一九七四）は次のように述べている。

狭義の「仮名遣」は、書きわけるべき基準となる仮名（たとえば、いろは四十七文字）のうち、同音に帰したために語を表記するに際して問題の生じた数箇の仮名の処遇を規定することである。従って、いろは四十七文字を基準仮名とする仮名遣では、「お」と「を」の書きわけは問題となるが、「は」と「者」の同音にして異体の仮名の使いわけは問題にならない。しかし、「は」と「者」のようなものも、たとえば、土井忠生博士や高羽五郎氏が、『落葉集』『ぎゃどぺかどる字集』について指摘されているように、語頭に「者」「は」、ハ行転呼などによって生じた語中のワには「ハ」とするような使いわけがなされることがある。このようなレヴェルでの仮名の用法を、いま「仮名もじ遣」とよぶことにする。一種の用字法であるが、従来、このような面への関心はほとんど払われなかったといってよい。この種の仮名の用法は、言語そのものの問題に直接かかわるところが薄いと考えられたためかもしれないが、しかし、最近になって、安田章氏が、このような仮名の機能的使用の問題を、仮名文字の一般書記生活への弘通の問題（ひいては表記論、資料論）に絡めてしばしばとりあげられるようになった。

安田章氏の述べられるところを筆者の理解した範囲で言えばだいたい次のようなことかと思う。仮名文字が日常的、実用的書記生活の場に次第に侵透《ママ》していくにつれて、「晴」の文献における「仮名遣」にかわるものとして、位置によって仮名字体を使いわけるという機能性を正面に据えた「仮名もじ遣」が次第に行われてくるようになった。それは、文章表記の主流をしめてきた仮名交り文乃至漢字交り文の受容層の広まり、従って低下が伴って、漢字交りの度合がすくなくなるにつれて、それに見合う代償として使い方が機能的になっていったのではないか。仮名の浸透《ママ》と機能化が相関関係にあるとすれば、この調査は、国語史研究における史料論に通じるであろう。だいたいこのように見通しておられるのではないかと思う。

右の「土井忠生博士や高羽五郎氏が、『落葉集』『ぎゃどぺかどる字集』について指摘されているように」は次のような言説を指すと思われる。

土《ど》井《い》忠《ただ》生《お》の言説

「は」は両唇摩擦音のFaに発音していたので、「は」その他の変体仮名を用ゐて写したが、これが語中語尾にあるときにはWaと発音するのが普通であつたから、本来「わ」の仮名遣であるものと区別して、特に「ハ」の字体を用ゐた。その用法を違へた例も少くはないが、正誤表の中で訂正したものもある位であるから、規則的に実行せんとしてゐた事が知られる。

発音に基づいたか丶る仮名の用法も、母字に於いては厳密であるけれども、それ以外の場合には字音仮名遣や歴史的仮名遣をそのま丶残したものも少くない。整理統一が徹底してゐるとは言へない。

（一九四二年、靖文社、土井忠生『吉利支丹語学の研究』二十四～二十五頁）

高羽《たかは》五郎《ごろう》の言説

「は」「ハ」「わ」の用法は他の仮名の異体字併用とは趣を異にし、落葉集での用法について土井忠生博士が指摘せられたやうに（「落葉集考」吉利支丹語学の研究」二四頁）本書でも語頭以外のワ音を表す仮名として特に「ハ」を用ひようとする意図がみとめられる。（略）

土井博士は前掲論文中に元来「は」の仮名遣であるものだけ「ハ」を用ひたやうに述べてをられるが、前に挙げた「答話」のやうなワ音を頭にもつ漢字が他の漢字の下についた漢語、又は「しハざ」（業）「とけハたる」（解渡）のやうなワ音を頭に持つ語が他の語の下に複合した場合など、仮名遣についての区別は認められない。「し丶わう」（獅子王）「ていわう」（帝王）のやうに「わ」を用ひた例は見えるが、「帝王」は同時に「ていハう」と記載してゐる例もある。

（一九五一年、高羽五郎「ぎやどぺかどる字集仮名字体」、国語学資料第六輯『ぎやどぺかどる字集（索引）』附載）

第一章で採りあげる大野晋（一九五〇）には、ここでいうところの「仮名文字遣」にかかわる記述はみられないが、大野晋（一九五〇）が発表された八年後の、一九五八年には鈴木真喜男「「地」のかな―定家自筆本における―」（『国語研究』

第八号）が発表され、藤原定家の「仮名文字遣」が注目されるようになった。以降、藤原定家の異体仮名使用にかかわる数多くの論が発表されていく。つまり藤原定家の「かなづかい」と「仮名文字遣」はずっと論じられてきている。

第二章で採りあげる安田章（一九七三）は、まさしく、「かなづかい」と「仮名文字遣」という二つの「modo」を扱っている。これは自戒をこめて、ということになるが、そうした論点をもつ論文は案外と少ないのではないか。いろは四十七文字をどのように使うかという「かなづかい」と異体仮名をどのように使うかという「仮名文字遣」は、「仮名文字遣」がどのようなものであるかによって、時としては両立しない場合もある。となれば、二つの「modo」がどのように現われているか、という観点がつねに求められることになる。ある文献がどのように仮名を使っているかという調査も、どのように異体仮名を使っているかという調査も、どちらもかなりな「手間」を必要とする。したがって、両者についての調査はなかなか行なえないというのが実際かもしれない。しかし、それでも二つの「modo」という観点は重要であると考える。

また、迫野虔徳（一九七四）には「位置によって仮名字体を使いわけるという機能性を正面に据えた文字遣」という表現がみられる。安田章「仮名文字遣序」（『国語国文』第四十巻第二号、一九七一年、後、二〇〇九年、清文堂『仮名文字遣と国語史研究』に再収、引用は後者による）には「仮名の機能の差、つまり、漢字と対になる片仮名の用法に対して、異体の仮名を使い分け、機能的になる平仮名専用文での用法、それも実用の場での問題ということになるであろう」（二十一頁）とあって、「使い分け」「機能的」という表現がやはりみられる。「仮名文字遣」ということがらの観察のスタート地点において、「使い分け」「機能的」という表現、概念があったことが、その後の分析に大きな影響を与えたように稿者には思われる。そこには、大野晋の藤原定家の「かなづかい」についての論考も遠くから影響を与えているかもしれない。

「使い分け」について

稿者は、『文献日本語学』（二〇〇九年、港の人）において「「使い分け」ということ」（八十三～八十八頁）について述べた。あまり言説が重複しないように述べるが、稿者は「使い分け」という表現を使うのであれば、そこには「使い分けている人」が存在していると考える。つまり、「使い分け」は意図的な行為であるとみる。本人が知らないことについて、「使い分け」と表現するのはきわめて不自然であると考える。例えば、語頭には〈志〉という字体があてられ、語頭以外の位置には〈志〉が使われず、〈し〉が使われているという文献があったとする。文献の状態は、そのような状態であるが、これを当該文献の書き手が意図して行なったかどうかは、文献の状態のみからは判断できないというのが稿者のみかたである。例外なくそのようになっているのだから、意図していたのだろう、意図していなければ、例外なくそのようになるはずがない、というのはごく常識的な推測の域をでていない。右のみかたを認めるのであれば、言語が何らかのことがらについてはっきりとした傾むきを示している場合は、すべて使い手の意図に基づくことになる。そんなことがいえるのだろうか。このことがらについていえば、〈志〉は（語の）上に書く、〈し〉は（語の）上に書かない、というような記事をもつ文献が存在している。そのような記事の存在は、このことがらについて、意識していた人物が存在していたことを示している。したがって、そうした文献を読んだ人物が書いたから、例外なくそのようになっている、という主張は、そうした文献がないのにそういう主張をすることと比して、蓋然性はたかいといえよう。しかしそれでもなお、書き手が意図して行なったことが証明されたことにはならない。「結果としてそうなっていること」と「意図してそうなっていること」は言語観察あるいは言語分析の言説としては、はっきりと分けて記述するべきであろう。

機能的ということ

使われている「異体仮名」がどのように機能的であるか、ということと、書き手が機能的に異体仮名を使うということとはやはり厳密に考えれば全同ではない。そして後者であることを証明することは（さまざまな条件が整わなければ）難しいと考える。

藤原定家についていえば、定家は「証本」を作製し、そのすみずみまで「工夫」をこらしたというみかたがひろまり、そうした「前提」に基づいて、定家が書いたテキストの観察が行なわれ続けたのではないだろうか。

三つの「modo」

「modo」は安田章（一九七三）が述べるように、「ロドリゲスが『日本小文典』において、「平仮名という文字で書く方法」として仮名遣を説明した語」（八十六頁）であるので、「かなづかい」「仮名文字遣」を「modo」と呼ぶことはいわば「正しい」。小見出しはそこに漢字を加えて「三つ」としたが、それはロドリゲスが「この助詞（引用者補：助詞「ハ」「バ」を指す）は、日本の記法として特殊な漢字があって、それを用ゐて書かれる」（土井忠生訳『日本大文典』五三三頁）と述べ、また平仮名について「身分のある人々はそれに意味を持った文字を混ぜ合せ或は織込んで使ふのであつて、普通の消息や固有の日本語を使った書物もそれを以て書く」（『日本小文典』六丁裏、引用は安田章（一九七三）八十一頁）と述べているように、漢字による漢文風な書き方、漢字平仮名交じりの書き方があったことをふまえてのことである。

それは「文字社会」によって異なるであろうが、例えば、鎌倉・室町頃を考えれば、そうした書き方は確実にあった。漢字をあまり使わず仮名勝ちに書かれた文献を対象として、その「かなづかい」「仮名文字遣」について考えるのであれば、何よりもまず、そうした表記体を採る文献が作られた「文字社会」について考えておく必要がある。それはその「文字社会」のいわば「求め」によってそのように作られているのであり、その表記体が当該時期の一般であると主張するためには、相応の「手続き」が必要となる。そうしたことが十分に意識された上で論が展開してきているだろうか。

また、漢字による漢文風な書き方を採っている場合、そもそも「かなづかい」「仮名文字遣」が関与していないことになる。漢字平仮名交じりで書かれている場合は、漢字がどの程度使われているかによって、「かなづかい」「仮名文字遣」がどの程度「切実な問題」となっているかの度合いが異なることはいうまでもない。

過去の言語については具体的な文献に基づいた観察を起点とすることが多い。使用する「具体的な文献」はまさしく具体的で、個別的である。それを何程か一般化するためには、そうした視点や「方法」が必要になる。仮名の機能を考える場合も、漢字がある程度使われていて仮名がどう使われるか、という視点も必要である。

そうしたことがらについては前田富祺《まえだとみよし》「仮名文における文字使用について―変体仮名と漢字使用の実態」（『東北大学教養部紀要』第十四号、一九七一年）を初めとして、小笠原一「「又」と「まだ」・「事《こと》」と「来《こ》と」―定家自筆本に関して」（『学芸国語国文学』第八号、一九七三年）などが論じている。そうした「三つのmodo」という観点はよりいっそう重要になると考える。

論の継承と展開

ある論を起点として、その論に刺激を受けた別の論者が新たな論を起こし、それがまた別の論者に刺激を与えてさらなる論を生み出していくということは望ましい展開といってよいだろう。そこには論の継承と展開とがあることになる。そうしたことについても本書はトレースしたいと考える。論は必ず継承されなければならないということはない。まったく新しい論が生まれることはそれはそれで喜ばしい。しかし、いわば「誤読」によって、あるいは無意識の「心性」によって、ある論が、当初意図しなかった方向に展開していくということもあろう。それはそれとして、当該の学にかかわる「心性」を示していると考えるが、そうしたことについてもできる限り目配りをしていきたい。

人間の営みとして、というといささか大袈裟であるが、そうしたものとして国語学、日本語学をとらえるのであれば、穏当な継承と展開が望ましいことはいうまでもない。そこには人間の穏当なかかわりがある。

自身の論の起点が自身の興味にあることは自然であるが、国語学、日本語学の研究として位置づけるつもりがあるのであれば、当然のことながら、国語学、日本語学という枠組みの中でそれを展開させる必要があろう。国語学、日本語学という枠組みそのものに不満があり、飽き足らないのであれば、むしろ、そうした自身の「立場」を表明した上で論を展開させればよい。従来の日本語学では、こういう分析方法を採るが、それには不十分な面がある、あるいは、従来の日本語学の枠組みはここまでのことがらしか扱わないが、それでは不十分だと考えるので、その枠組みを超えてこういうことがらも扱っている、などと明言することによって、新たな「議論」を始めることができる。自身が興味をもっているから、ということは当然のこととして、しかし、これまでの研究の蓄積には興味がないというのであれば、最初から「議論」を望んでいない、そうしたことは考えていないということになる。そうした「傾向」が次第に強まっているように感じるが、それが杞憂ならばむしろよい。

【註】

［註1］例えば、田中雅和「定家の表現における表記と語形の選択」（『国語文字史の研究　十』二〇〇七年、和泉書院所収）には「定家の歌人としての地位や社会的位置、平安和文の校勘などに関する学術的業績、定家仮名遣いの扱いや影響、変体仮名の使い分け等々を勘案すると、たとえ表記レベルのものでも、権威者・定家との関係で素性が明確なものを手にした場合、その書写に臨む後人がもとの姿を軽視したり恣意によって改変したりすることなく伝えよう

とした、或いはその名残を伝える系統の写本も存在するのではないかと期待される。また一方では、規範・基準は意識の問題であり、人為的に設定されるものであるから、自然言語の使用とは異なり、常に自覚的に意識されていなければ、そこからの逸脱が起こることもあると想像できる。例えば、定家自身の表現行為である宗清願文のような資料における誤記訂正も、緊張の弛緩によって基準・方針とした内容に合わぬ表記をうっかりとしてしまうことの現れであろうし、所謂定家仮名遣いにおいてさえ徹底していない場合があるのである」（一四九頁）とあり、ここには「変体仮名の使い分け」という表現がみられる。

第1章

大野晋「仮名遣の起原について」

カノンとしての定家

大野晋《おおのすすむ》「仮名遣の起原について」は昭和二十五（一九五〇）年十二月に刊行された『国語と国文学』第二七巻第十二号に発表されている。論文が掲載されている雑誌の表紙には「仮名遣の起源について」と印刷されているが、本書では、論文そのものに記されているタイトルである「仮名遣の起原について」を論文タイトルとみることにする。論文が発表されてから、すでに六十六年が経過している。五年後の昭和三十年に刊行された国語学会編『国語学辞典』の「かなづかい」の項目（石坂正蔵執筆）において、参考文献として当該論文があげられ、記事中にも「定家のは一種の歴史的かなづかいで「を・お」のみはアクセントの別によった」（一七三頁下段）という言説がみられる。石坂正蔵《いしざかしょうぞう》は「定家の区別した仮名について」（『国語学』第四十六集、一九六一年）の冒頭に「終戦以後発表された仮名遣関係の論文の中で、大野晋氏の「仮名遣の起源《ママ》について」はもっとも輝かしいものであった。国語学史的な問題に国語史的研究を導入し、この面の研究に新しい、そして確かな基礎を与え、広い展望をもたらした画期的なものであった」と述べている。この「仮名遣の起原について」とかかわりがふかい大野晋の論文として次のようなものがある。

1　藤原定家の仮名遣について　一九六八年　『国語学』第七十二集
2　仮名づかいの歴史　一九七七年　『岩波講座日本語8』所収
3　仮名遣の起源についての研究　一九八二年　『仮名遣と上代語』（岩波書店）所収
4　仮名遣の起源について　二〇〇六年　岩波現代文庫『語学と文学の間』所収

本章では、この、大野晋（一九五〇）を採りあげるので、まずここで使う表現（用語）について整理しておきたい。次のように表現（用語）を使う。

1　（藤原）定家のかなづかい＝藤原定家自身が書いたものから看取されるかなづかい
2　定家かなづかい＝大野晋（一九五〇）が、藤原定家が実行していたと主張したかなづかいの総体
3　『仮名文字遣』のかなづかい＝行阿『仮名文字遣』が見出し項目として掲げている語句のかなづかい
4　仮名文字遣＝異体仮名の使い方

大野晋（一九五〇）が発表されてから、まずは「定家かなづかい」にかかわる論文が発表され、ついで「藤原定家のかなづかい」「藤原定家の仮名文字遣」についての論文が発表されるようになっていく。右の1〜3について考えようとすると、何らかのかたちで、日本語の表記と藤原定家という人物とを結びつけることになりそうであるが、そうした論文が現在に至るまで多数発表されている。稿者には、それが「定家かなづかいというトピックが描いた軌跡」のように感じられる。一つの論文の主張を起点として、さまざまな研究者がさまざまな視点から論文を書くということは、その一つの論文がまさしく「確かな基礎」であることを証明しているともいえよう。稿者は「定家かなづかいというトピックが描いた軌跡」は一九五〇年から現在、二〇一六年まで、日本語学のある分野が辿ってきた軌跡でもあると考える。しかしまた「いくつかの論文が扱ってきたトピック」は日本語学の「トピック」であったか、という疑問も併せもつ。したがって、「定家かなづかいというトピックが描いた軌跡＝定家かなづかい研究」をトレースすることによって、日本語学の発想や研究方法を検証するといった意義があると考えるが、本書が目的とするところとはいささか離れる面もあり、本書においては、可能な範囲で、と限定した上で、こうしたことがらについて述べていくことにする。

かなづかいの起源

序章において、稿者の考える「かなづかい」の定義を示し、その中で「規範としてのかなづかい＝誰かが考えた人

為的なかなづかい」と「実態としてのかなづかい」とをはっきりと区別した。そしてさらには、「上代特殊仮名遣」は「上代における漢字の使い方」で、稿者いうところの「古典かなづかい」は日本語の音韻と、それを表わす仮名との間に一対一の対応が保たれていた時期に行なわれていたかなづかいのことで、これらは教養の「かなづかい」にはあたらないことを述べた。これを整理すれば次のようになる。

1　上代特殊仮名遣い・古典かなづかい……「かなづかい」にあたらない
2　実態としてのかなづかい
3　規範としてのかなづかい＝誰かが考えた人為的なかなづかい

大野晋（一九五〇）は論文の冒頭に「仮名遣といふ言葉の意味」という小題をつけ、そこで「かなづかい」には「二つの用法があつて紛はしい」と述べる。そして、「一定数の既定の仮名を、即ち伊呂波の仮名を如何に書分けるか」「同音に帰しながら異つた仮名とされてゐる数個の仮名を如何に書き分けるべきかといふ、規範の実践」が一つの「かなづかい」であると述べる。そして「今一つの仮名遣」として「上代特殊仮名遣い」について述べる。つまり、大野晋（一九五〇）は先に整理した1と3とを（かなづかいの）「二つの用法」とみており、2についてはふれていない。3は一九五〇年当時においては、「国語学史」すなわち日本語についての観察の歴史という枠組みにおいて話題となることがらであった。そうした意味合いにおいて、大野晋（一九五〇）の起点は「国語学史」寄りにあったとみることができる。

論文の冒頭ちかくには「この仮名遣といふことは、一体、何時、誰によつて、如何なる事情の下に問題とされ始めたのであらうか。また、初めは如何なる基準によつて定められたものであらうか」とある。「誰によつて」「如何なる基準によつて定められたもの」という表現から、大野晋が「かなづかい」を3として捉えていることが窺われる。それが論文の題名に含まれている「仮名遣の起原」という表現に反映していると覚しい。

大野晋は昭和五十五（一九八〇）年に国語学会編として刊行された『国語学大辞典』（東京堂出版）の「定家仮名遣」の項目を執筆しているが、そこには「仮名遣とは、区別すべきものと考えられる一定数の仮名を正しく使い分けることをいう。その最初に世に行われたものが、定家仮名遣で、具体的にはイロハ歌の四十七字を使い分けることであった」（六一二頁）と記されている。この文章は「仮名遣とは」と始まっているので、「かなづかい」の定義（のようなもの）を述べていると思われるが、「その最初に世に行われたものが、定家仮名遣で」とあることからしても、大野晋の「かなづかい」は3のみであると思われる。

そして、右の言説には幾つかの疑問がある。稿者は、「この仮名とこの仮名とをひとまずどう使えばよいか」という意識と「この仮名とこの仮名とは区別しなければならない」という意識とは異なると考える。後者の意識に「正しく使い分ける」というようなことがかかわってくればなおさら両者は異なってくる。

しかしまた、「規範としてのかなづかい＝誰かが考えた人為的なかなづかい」に絞って「かなづかい」を考えるのであれば、「誰か」はなぜ「かなづかい」を考案するにいたったのか、そしてその人為的な「かなづかい」はどのような「文字社会」で実践されたか（あるいは実践されなかったのであれば、なぜ実践されなかったか）ということが次なる「問題」となろう。池上禎造《いけがみていぞう》が「文字論のために」において「文字社会」という概念を提示したのは昭和三十年で、大野晋（一九五〇）の発表される五年後ではあるが、とにもかくにも大野晋（一九五〇）には「文字社会」にかかわる記述がみられない。ために（と表現しておくが）、（大野晋がどのように考えていたかは不分明であるが）藤原定家が創始した「定家仮名遣」が次第に広通し、それに本格的に異を唱えたのは江戸時代の契沖《けいちゅう》で、それ以降は「歴史的かなづかい」が行なわれていった、というようないわば「誤解」を生じさせることになったのではないだろうか。

分析方法

先に引いた石坂正蔵の言説には「国語学史的な問題に国語史的研究を導入し、この面の研究に新しい、そして確かな基礎を与え、広い展望をもたらした」とあるが、「国語学史的な問題」は「定家かなづかい」で、「国語史的研究」とは、おそらく、大野晋（一九五〇）が、藤原定家が書いたと思われる「多くの実際の用例から帰納的に仮名遣の起源を考察しようといふ方法をとつた」ことを指すと思われる。大野晋（一九五〇）は「（一）自筆本及びそれに準ずべきもの」と「（二）臨摸本及影写本」とに分けて、使用した資料を列挙している。それを大野晋（一九五〇）の記述を引用するかたちで示しておく。

（一）自筆本及びそれに準ずべきもの
熊野御幸記（複製）（建仁元年十月筆）
金槐和歌集（複製）（建暦三年十二月頃）（但、五面のみ定家自筆）
定頼集（複製）（年月不明、但、筆意壮年のものといふ）
更級日記（複製）（年月不明）
近代秀歌（複製）（年月不明）
恵慶集（複製）（年月不明はじめ二面のみ自筆）
古今和歌集（原本）（伊達家本、年月不明、但し老年の筆か）
土佐日記（複製）（文暦二年筆）
（二）臨摸本及影写本
古今和歌集（高松宮本複製）（嘉禄二年四月）

後撰和歌集（高松宮本複製）（天福二年三月）
拾遺和歌集（高松宮本複製）（天福元年八月）
源氏物語奥入（高野博士本の影写による）（天福元年以後）
源氏物語（柏木巻初頭）（年月不明）
伊勢物語（三條西本影摸）（天福二年正月）

右に続いて大野晋（一九五〇）には「なほ私は冷泉家本拾遺愚草（自筆）の一部写真及び、仮名遣をそのまゝに活字にしたといふ藤原定家全歌集（冷泉為臣氏編）を参考し、前掲の諸文献にあらはれる語彙のうち、仮名遣に関係あるものすべてを採録して整理を加へた結果、定家が自分自身で如何に仮名を使用したかを明らかにした」と述べている。一九五〇年の時点では、藤原定家が確実に書いたと思われる文献で、かつ何らかのかたちで公開されているものが限られていたことがわかる。したがって、そういう意味合いでは分析に関して「資料上の制約」を受けていた。それはそれとして、大野晋は「藤原定家の自筆文献」、「自筆本」という表現を使っている。『日本古典籍書誌学辞典』（一九九九年、岩波書店）は何故か「自筆（本）」を見出し項目としない。あるいは書誌学用語ではないということであろうか。「自筆」を「本人が自分で書く」と捉えた場合、「本人が」は何に対しての「本人」と考えればよいのであろうか。稿者は、何らかの作品があって、その作者本人が、という意味合いでの「本人」と捉えている。そう考えると「藤原定家自筆本」と「藤原定家筆本」とは概念がはっきりと異なっており、前者は藤原定家の作品を定家自身が書いた本で、後者は藤原定家以外の作者による作品を定家が書いた本ということになる。後者の場合は、通常は書く＝書写するための本が存在することになる。例えば『更級日記』は定家の著作物ではないので、書き手が定家であっても、それは「藤原定家筆本」と呼ぶのが適切であると考える。『近代秀歌』は定家の著作物であるので、この場合は「藤原定家自筆本」

ということになる。これはささいな違いではない。現在三の丸尚蔵館に蔵されている国宝『更級日記』は藤原定家が写したものであると考えられている。現在残されている『更級日記』の諸本はこの定家筆『更級日記』に系譜的に連なることが指摘されている。つまり、定家筆『更級日記』を遡る『更級日記』テキストは現存しない。しかし、定家は何らかの『更級日記』テキストを書写したのであって、現在はそれが確認できないということである。あるいは尊経閣文庫に蔵されている『土左日記』は、現在では、定家筆かどうかという議論もある［註1］が、そもそも『土左日記』は定家の著作物ではない。にもかかわらず、ずっと「藤原定家自筆」と称されてきている。

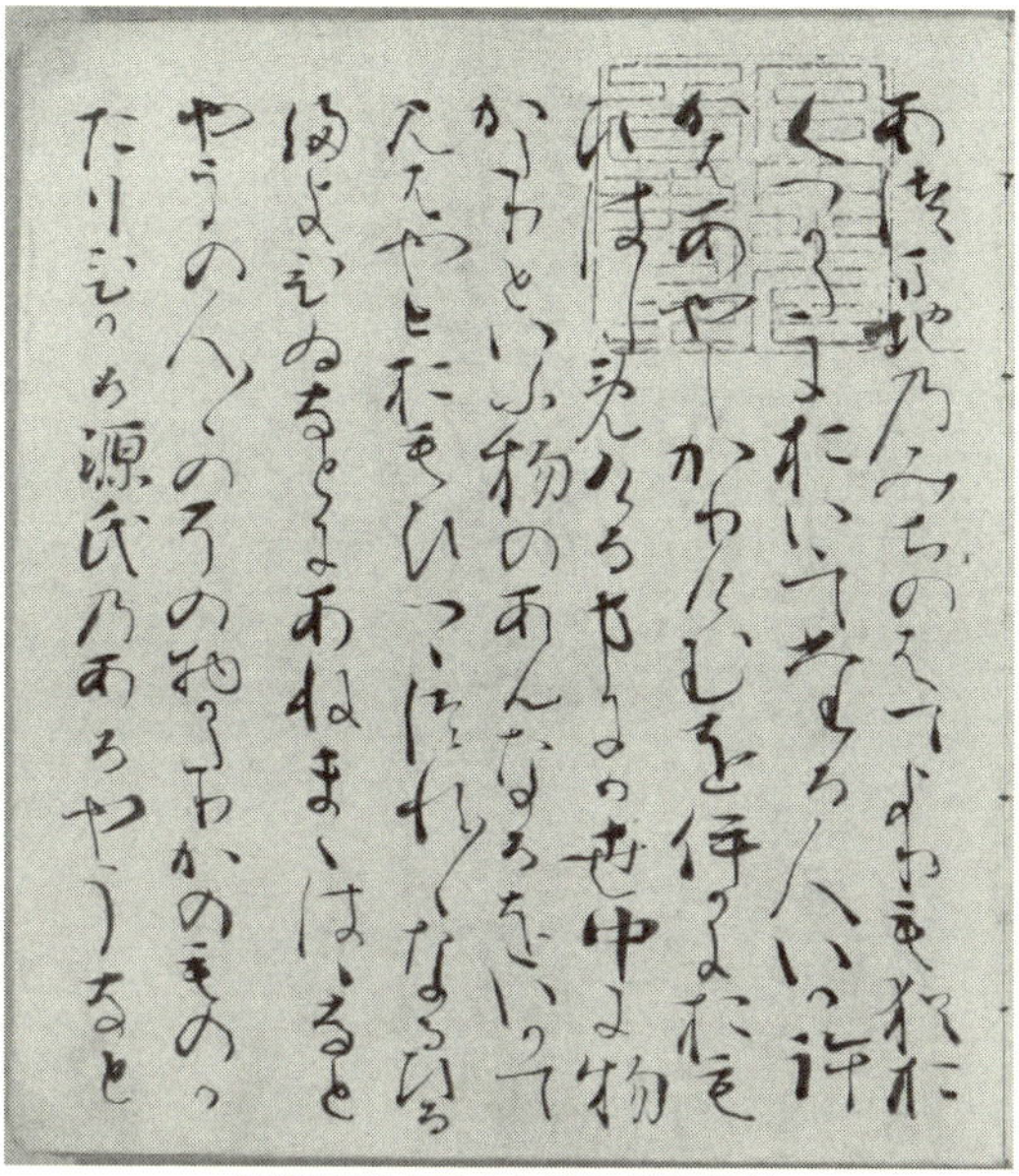
『更級日記』寛文２年模写（定家筆本）

「藤原定家自筆本」は先行して存在していた何らかのテキストを書写したものではないが、「藤原定家筆本」は先行して存在していた何らかのテキストを書写したものであるという点において、両者は異なる。「藤原定家自筆本」という用語を曖昧に使うことによって、このことが曖昧になり、観察していることがらが何であり、そこからどのような知見をひきだすことができるか、ということが曖昧になっていく。「自筆本」という用語の曖昧な使用は、以後の研究そのものにも大きな影響を与えたと考える。例えば小笠原一「定家自筆本のかなの用法―〈越〉の場合―」（『学芸国語国文学』十二号、一九七六年）は論文タイトルに「定家自筆本」とある。論文内で「自筆本」として扱われている文献は次のとおりで、定家の著作物以外の作品が多い。

（ア）土左日記
（イ）更級日記
（ウ）源氏物語奥入
（エ）伊達本古今和歌集
（オ）定頼集
（カ）石清水八幡宮社務田中宗清願文案
（キ）奥義抄下巻余
（ク）近代秀歌
（ケ）古今名所
（コ）熊野御幸記
（サ）実方集
（シ）一宮紀伊集
（ス）殷冨門院大輔百首題

藤原定家の著作物ではない作品を定家が書いている場合、当然そこには書写に際して依拠したテキストが存在する。定家筆『更級日記』の場合のように、そのテキストが具体的に特定できない場合もあろうが、そうした依拠テキストが存在したことは疑いがない。となれば、まずは依拠テキストを定家がどのように書写したか、ということを見極める必要がある。定家が依拠テキストどおりに書写したのだとすれば、定家が書いたことが確実であっても、その定家が書いたテキストの表記は、文字は定家が書いているが、それは依拠テキストをそのままに写しただけであるからという意味合いにおいて、極端な表現を採るならば、「定家の書いたものではない」ことになる。例えば、ある人が筆で書いた文書を稿者が電子コピーした場合、コピーしたのは稿者であるが、もともとの文書は別人が書いているのだから、コピーした文書を書いたのは稿者ではないことになる。この場合は電子コピーであるので、稿者が書いたのではないことはいうまでもないが、考え方としてはそのようなことになる。そして電子コピーではなく、手で写すという場合には、もともとの文書の「かたち」そのままに写そうとしても、さまざまな理由からそれがかなわないことがありそうで、一部分はもともとの「かたち」のまま、一部分は違う「かたち」になっているということがむしろ自然であろう。あるいは「そのままに写そう」という意識が希薄であれば、ほとんどの箇所がもともとの「かたち」ではない、ということになる。ある文献がどの程度もともとの「かたち」を保存しているかということを、依拠テキストとの対照を行なわずに、写されたテキストのみから判断することは原理的にはできない、とみておくべきであろう。いかに手順を尽くしたとしても、判断が循環的になることを避けることはむずかしい［註2］。

定家の著作物ではない文学作品における語の書き方をすべて定家のものと認めるためには、「定家は、依拠テキストにどのように書かれていても、つねに自分が書くような書き方に換えて書写していた」つまり「自分の書き方とは異なる依拠テキストの書き方を無意識に採用することはなかった」ということを証明しておく必要がある。しかしそうした「証明」はむずかしいと思われる。

むずかしいと思う理由の一つとして、「定家の書き方」が「依拠テキストの書き方」と排他的なものとして存在していたという想定ができないと思われることがある。例えば植物の「オギ（荻）」を仮名で書く場合、「をき」と書くか「おき」と書くかしかない。前者は「古典かなづかい」の書き方である。依拠テキストが「をき」と書いていて、定家が「おき」と書く場合には定家が依拠テキストの書き方を採らなかったとみることができるが、動詞「キコユ（聞）」

の連用形「キコエ」を依拠テキストも定家も「きこえ」と書いていた場合、依拠テキストのまま書いたのか、依拠テキストの書き方が定家の書き方と同じだったから、定家は自身の書き方とそれを認めて「きこえ」と書いたのかを判断することはできない。この依拠テキストを書写したということがわかっている依拠テキストと、それを書写した定家の書写テキストとを対照できる場合のみ、定家がどのように依拠テキストを書写していたか、ということがつかめる。

依拠テキストが「古典かなづかい」に則って書かれていることがわかっていれば、「古典かなづかい」に則っていない箇所が「定家の書き方」ということになるが、そのようなことがいえるとは考え難い。

『土左日記』の場合のみ、貫之自筆本を直接書写した、いわゆる「根幹写本」を使うことによって、貫之自筆本の状態を「復元」し、その「復元」形を一方に置くことで定家筆『土左日記』がどのように書写を展開しているかを窺うことができる。こうした方向からのアプローチは、池田亀鑑『古典の批判的処置に関する研究』（一九四一年、岩波書店）を嚆矢とし、数々の論文によって行なわれてきた。その結果、定家は貫之自筆本をそのまま書写していないことがわかっている。そのことをどうとらえればよいかということがまずあり［註3］、次に、そのことをそのまま他の定家筆本にあてはめてよいかどうかということがある。『土左日記』において、これほど「本文」を変えているのだから、他の場合もそうであろうというのは、一般的な推測としては成り立つであろうが、そうした一般的な推測を分析、考察の起点に置いた場合、得られた結果、結論は結局はその一般的な推測の上にずっとのっていることになる。「変えて」という表現は意図的にという含みをもつが、定家は書写に際して、おそらく貫之自筆本を判読しそこなった箇所もあり、また書写の疲労から誤脱を生じさせている箇所もあることが指摘されている。この場合は意図的ではなく、「変えてしまった」ということになる。

稿者は、さまざまなことがらを勘案し、分析のための「条件」ができる限り整っている資料に基づいて分析を行なうべきであると考えるが、そうした勘案、吟味が必ずしも充分ではないと思われる分析が少なくない、というのが「定家かなづかいというトピックが描いた軌跡」の一つの特徴ではないだろうか。それは藤原定家の存在の、いわば大きさ、藤原定家という人物に対しての現代人の興味の大きさでもあるが、そうした現代人の「心性」を起点として、「定家かなづかい研究」が展開してきた、という面があるのではないか。右にかかわることを稿者は「カノン」という語を使って、『かなづかいの歴史』（二〇一四年、中公新書）において次のように述べた。

藤原定家は、当時も今もカノン＝正典といえようが、「定家かなづかい」は現代においてのみカノンであったのではないだろうか。大野晋「仮名遣の起原について」の主張は短時日の間に認められた。一九五七年に出版された日本古典文学大系9『竹取物語　伊勢物語　大和物語』（岩波書店）の『伊勢物語』は三条西家旧蔵（現学習院大学蔵）の「天福本」を底本としている。「天福本」には天福二（一二三四）年正月に定家が書写して「鍾愛之孫女」に授けた旨の奥書が備わっている。そのためか、「凡例」は「底本のかなづかいは、大体「定家かなづかい」に拠っているようであるが、このかなづかいは、「現代かなづかい」とも違うし、また、「歴史的かなづかい」とも違っている。その「歴史的かなづかい」と相違する部分については、「お《(を)》とこ」「うゐ《(ひ)》かうぶり」「つたかえ《(へ)》で」「む《(う)》ま」のように、「歴史的かなづかい」を（　）に入れて傍記した」と述べる（五十七頁）。

例えば右に例示されている「うゐかうぶり」は『伊勢物語』冒頭に使われている語である。三条西家旧蔵「天福本」にはたしかに「うゐかうぶり」とある。しかしこの語は『下官集』に例示されている語ではない。そうすると、「古典かなづかい」で「うひかうふり」と書く語を「うゐかうふり」と書くのが「定家かなづかい」であるということはどうやって検証すればよいのであろうか。

定家が書いたものの外側に、「定家かなづかい」であるかどうかを判定する基準を求めることは、「お」「を」以外ではできない。そうすると、定家が書いたものでどのように書かれているかということになるが、結局は定家が「ウイコウブリ」という語を「うゐかうふり」と書いているから、そしてそれが「古典かなづかい」と一致しないから、それが「定家かなづかい」であるという認定のしかたしかないのではないだろうか。

定家は何度も『伊勢物語』を書写していることがわかっている。定家が晩年に写した本を代表するのが、天福二（一二三四）年に写した「天福本」である。現在学習院大学に所蔵されている三条西家旧蔵本は定家写本の忠実な臨模本《りんも》（原本さながらに写した本）と目されている。であるので、三条西家旧蔵「天福本」は定家が書いたテキストに連なっている。だから、三条西家旧蔵「天福本」に「うゐかうふり」とあるこの書き方は「定家かなづかい」だということになるのだとしたら、どこにも「検証」と呼ぶことができるような「手続き」はないといってよい。つまり、定家の書いたものはあるまとまりのある「かなづかい」に拠っているということが無条件で前提になっているようにみえる。そして定家がつねに「あるまとまりのある「かなづかい」を使っていた」と無条件でみていることは、「藤原定家というカノン」を認めていることにみえる（五十七～五十九頁）。

ところで、大野晋自身が、「仮名遣の起源《ママ》について」と「大同小異である」と述べている言説が『仮名遣と上代語』（一九八二年、岩波書店）に「仮名遣の起源についての研究」という題名で収められている。巻末の「論文初出一覧」においては、この「仮名遣の起源についての研究」については「一九六一年　京都大学に提出」と記されており、「あとがき」の中では、「はじめの仮名遣の部で定家仮名遣についての論文を収めてあるが、これは本書の中では例外で、はじめて公表するものである。というのは、これは私が京都大学に学位請求論文として提出したものだからである。ただし、内容は「仮名遣の起源《ママ》について」（『国語と国文学』昭和二十五年十二月号）と大同小異である」（三八八～三八九頁）

と述べられている。「あとがき」にはさらに次のような言説がみられる。

私はその縁（引用者補・橋本進吉が「いろはの仮名を使用する上での規範の創始者藤原定家以来の仮名遣の変遷についても考察を加え、定家仮名遣が契沖の仮名遣へと発展し、さらに上代特殊仮名遣の研究へと進んだ筋道を明らかにしたい」と考えていたこと）をもって定家仮名遣の実態を明らかにしたいと考えた。その時に私が試みた方法は、橋本先生が上代特殊仮名遣を発見なさったのと同じ手法である。つまり、定家が実地に使用した仮名をすべて採録して、そこに定家の仮名遣意識の具体化を見ようとした。その行き方は橋本先生の時代には、定家の筆になる実物を見ることが困難であったから不可能に近かった。しかし私の時代にはすでに数多くの複製本が世に送られていて、可能だった。私は試みに定家自筆の本から「を」と「お」の仮名を含むことばすべてを採録した。すると、そこには契沖の仮名遣とは明らかに相違する仮名遣が厳しく実行されていることが分った。しかし、それがどんな原理によったものかは、すぐには分らなかった。その調べは清泉女子大学で仮名遣の講義をするためのものであったが、その事実を述べた後、三週間つづけて、その原理は分らないという以上一言も言う言葉がなく、私は困り果てた。窮余に、もしやアクセントではと考え『類聚名義抄』と照合した結果、定家自筆の本の仮名遣の「を」は上声、〈於〉は平声の音節に使われていることが判明した。こうしてアクセントの観点を導入することによって、定家仮名遣はその後半年ほどでほぼその全貌を明らかにすることができた。

定家仮名遣の私の研究の中で、明確にできなかったのは〈江〉の仮名の用法と、〈越〉の仮名の所属とであった。〈江〉の仮名についての私の考えに対しては石坂正蔵氏の批評があり、〈江〉は一項を立てたのではないということである。それも一理あると私は現在考えている。しかし何故「きこ〈江〉」という多くの例があるのか、依然として私には明らかでない。〈越〉の仮名については後に小松英雄氏が詳細な研究を発表された。定家仮名遣は定家が誤読を防ぐという配慮にもとづいて組立てた仮名表記体系全体の中の一つの問題であると見るのが小松氏の考えで、極めて注目すべきものである。私の研究は、〈於〉と「を」とをアクセントの相違にもとづくものと判断した他は、〈越〉が「を」に属するか「お」に属するかなどを取り上げているだけで、行届かないところがある。小松氏の考えの線に沿って、まだまだ定家の表記については考察すべきところが残されていると思う。

定家仮名遣に関する研究は私の研究の道筋の中では一つの突発的な出来事のように思われる。これを課題としたのは以前からそれなりの問題意識があったからではあるが、直接には清泉女子大学で講義題目として「仮名遣」を取りあげたということを縁としている。当時の聴き手であった女子学生諸君の辛抱と好意とがあったればこそこれは成就した研究であり、昭和二十五年の春から冬にかけてで一応終った。（三八九〜三九〇頁）

清泉女子大学は稿者が現在勤務している大学であるので、「縁」というものを感じるがそれはそれとする。右の言説中の「石坂正蔵氏の批評」は「定家の区別した仮名について」（『国語学』四六集、一九六一年）を、小松英雄氏の「詳細な研究」は「藤原定家の文字づかい——「を」「お」の中和を中心として——」（『言語生活』二七二号、一九七四年）を指す。後者は後に、『仮名文の原理』（一九八八年、笠間書院）の第Ⅰ部「仮名文の表記原理」第二章となる。同書の末尾にある「各章と既発表論文との関係」において、この第二章には◇が附されている。◇は「形式整備・部分的加筆」ということであるので、大幅な加筆修正はないことになる。一九九八年にやはり笠間書院から刊行された『日本語書記史原論』の第三章「藤原定家の文字遣」も小松英雄（一九七四）と重なる。ただし、「中和」という表現について「藤原定家自筆の仮名文テクストにおいて、「を／お」の仮名の対立を解消する必要のある場合、どちらにも属さない仮名として「越」の仮名が使用されていることを、特定の環境で音韻論的対立が失われる現象になぞらえて中和（neutraljation）とよんだ。それは、原論文の掲載誌『言語生活』の読者層に合わせて、分かりやすく説明するためであった。厳密にいえば、音韻論の術語の不当な拡大適用である。酸性／塩基性の中和になぞらえて理解されればよいというつもりだった。音韻論の術語としての中和は、記述された結果についての解釈であるのに対して、本章にいうところの中和は、意図された文字遣の一環であるところに大きな違いがある。この節に扱った文字遣を説明するのに、この用語は好都合であるが、定義を明確にしたうえで術語として登録したとしても、適用範囲が極めて狭そうなので、この場かぎりの用語にとどめておきたい」（一五五〜一五六頁）という「補記1」が加筆されている。『日本語書記史原論』は二〇〇〇年に補訂版が出版されている。第三章「藤原定家の文字遣」はその一三一〜一六四頁にあたるが、一三三頁と一五三頁の記述に関して、新たな「補注」が加えられている。

『仮名遣と上代語』には、「「仮名遣の起源についての研究」資料」が添えられている。資料にはまず、「1〈於〉と「を」」とあって、その内部は「一　藤原定家の仮名遣実例」においては「高松宮本古今和歌集」「高松宮本後撰和歌集」「高松宮本拾遺和歌集」「伊勢物語（天福二年本、定家筆）」「御物本更級日記（定家自筆本）」「前田家本定頼集（定家自筆本）」「近代秀歌（定家自筆本）」と分かれており、「2特別な語彙の仮名遣」「3　源氏物語奥入の片仮名の仮名遣（定家自筆本による）」がそれに続く。ついで「二　色葉字類抄「於」「遠」部の語彙とアクセント」「於の部」「遠の部」、「三　仮名文字遣の「を」「お」の部の収録語とアクセントとの関係」「をの部」「〈於〉の部」が続く。これらのいわば基礎データは大野晋（一九五〇）の時点では示されていなかった。

二〇〇六年には岩波現代文庫『語学と文学の間』が出版されるが、そのⅦが「仮名遣の起源について」というタイトルになっている。同書の巻末に置かれた「初出一覧」は章との対応をはっきりとは示していないが、七番目には「「仮名遣の起原について」『国語と国文学』一九五〇年十二月号」とあり、Ⅶは大野晋（一九五〇）に基づくとみるのが自然である。Ⅶの末尾には「後記」が添えられ、「今回、現代文庫に収めるにあたり、本論文の資料を点検するために、国文学研究資料館の斎藤真麻理氏、東京大学文学部国語研究室の柳原恵津子氏、学習院大学文学部日本語日本文学科の中野謙一氏を煩わした。厚く謝意を表する（二〇〇六年一月）」（二八八〜二八九頁）と記されている。岩波現代文庫に収めるにあたって、依拠資料が「点検」されていることがわかる。

大野晋（一九五〇）の主張

大野晋の主張は、『国語学大辞典』（一九八〇年、東京堂）の「定家仮名遣」の項目に、わかりやすく明確なかたちで述べられているので、それをもって大野晋（一九五〇）の主張とみることにする。そこではまず「定家の仮名遣いの原則には二つあった」と述べられ、それに続いて次のように記されている。今便宜的に1、2と分ける。

1　当時同音になっていた「オ」と「ヲ」の音については、高いアクセントのオで始まる言葉は「を」で書き、低いアクセントのオで始まる言葉は「お」で書くこと。

2　「え」「ゑ」「へ」、「い」「ゐ」「ひ」については、アクセントによらず、平安時代の仮名文書の用字例によって定める。ただし、定家の拠った平安時代の仮名文書がどんなものであったかは不明である。

大野晋（一九五〇）は「定家の著と考へられる下官集なる著作に於て、定家は、この仮名遣の事は先達にも沙汰する者が無いと断つて、それが独自の考へであると記してゐる。但し仮名遣の範例をあげた後に「見二旧草子一可レ思レ之」とあるから、定家はほしいまゝに用法を定めたのではなく、平安時代の歌集、物語などの古写本の例によつて、いはば一種の歴史仮名遣的に、模範を定めたのであらう。それが契沖の仮名遣と相違するのは、定家の見た写本が、院政期のものであつた為、その本に既に誤りが多かつたのであらう」と述べ、『下官集』（東京大学国語学研究室蔵九条家旧蔵本）の記事をとりこみながら、論を展開させていく。したがって、『下官集』の記事をあげておくことにする。九条家旧蔵本は、その一部が国語学会編『国語史資料集─図録と解説─』（一九七九年、武蔵野書院）において影印が示されている。また『国語学大辞典』（一九八〇年、東京堂）が「定家仮名遣」の項目に示す書影もこの九条家旧蔵本である。西田直敏編『資料日本文法研究史』（一九七九年、桜楓社）には冒頭から「仮名遣用例の終り」（浅田徹「下官集の諸本─付・大東急記念文庫蔵「定家卿模本」翻刻─」『国文学研究資料館紀要』第二十六号、二〇〇〇年）までの翻字が示されている。この「九条家旧蔵本」の最初の二紙は仮名本詠歌大概で、その部分の翻刻、注釈が『歌論集一』（一九七一年、三弥井書店）に示されている。

本書においても、拙書『かなづかいの歴史』で掲げたものと同じものを掲げることにする。拙書にも記したが、大東急記念文庫に蔵されている「定家卿模本」を、浅田徹「下官集の諸本」（『国文学研究資料館紀要』第二十六号、二〇〇〇年）附載の翻刻に従って示す。［ ］は細字双行で書かれていることを示し、「／」は改行位置を示す。

僻案［人不用又不可用／事也］
此事此廿余年以来之人
殊有存旨歟悉被書改
大略皆書えと書てへとゑと
被棄歟と見ほとにふゑ
　絶たへ許此字出来
言語にも美□女房達
月次のえみむ［五躰不具／えあんなりと］

一書始草子事
仮名物多置右枚自左枚書始之
旧女房所書置皆如此先人又
用之清輔朝臣又用之或自右枚端
書之伊房卿如此下官付此説模
漢字之摺本之草子右一枚白紙
徒然似無其詮之故也

一嫌文字事
他人惣不然又先達強無此事只愚
意分別之極僻事也親疎老少一
人無同心之人尤可謂道理況亦
当世之人所書文字之狼藉過于
古人之所用来心中恨之
緒之音　を［ちりぬるを書之／仍欲用之］
をみなへし　をとは山　をくら山
たまのを　をさゝ　をたえのは
をくつゆ　てにをはの詞のをの字
尾之音　お［うゐの奥山書之故也］
おく山　おほかた　おもふ　おしむ

おとろく　おきのは　おのへのまつ
　花をおる　時おりふし
え　枝［むめかえ　まつかえ　たちえ／ほつえ　しつえ］江
　笛《ふえ》　断《たえ》　消《きえ》　越《こえ》　きこえ
　見え　風さえて　かえての木　えやはいふきの
へ　うへのきぬ　不堪［たへす／通用常事也］　しろたへ
　草木をうへをく栽也　としをへて
　まへうしろ　ことのゆへ　栢《かへ》
　やへさくらけふこゝのへに　さなへ
ゑ　すゑ　ゆくゑ　こゑ　こすゑ
　絵　衛士　ゑのこ　詠［ゑい／朗詠］　産穢《ゑ》
　垣下座《ゑんかのさ》　ものゑんし怨
ひ　こひ　おもひ　かひもなく　いひしらぬ
　あひ見ぬ　まひゝと　うひこと
　いさよひの月　但此字哥之秀句之時皆通用
ゐ　藍《あゐ》　つゐに［遂にいろそ／いてぬへき］　池のいゐ
　よゐのま［よひ又常事也／通用也］　おひぬれは［おいぬれは／又常事也］
い　にしのたい　鏡たい　天かい
　　右事は非師説只発自愚意見

旧草子了見之

一　仮名字かきつゝくる事

としのう　ちには　るはきにけ　りひ

とゝせをこ　そとやい　はむことし

如此書時よみときかたし句を

かきゝる大切　よみやすきゆへ也

としのうちに　はるはきにけり　ひとゝせを

こそとやいはむ　ことしとやいはむ仮令如此書

浅田徹（二〇〇〇）は『下官集』全体を次のように分けてとらえている。本書においてもこのとらえかたに従う。

（Ⅰ）表紙裏書（あるいは「袖書」）部分

（Ⅱ）書初草子事

（Ⅲ）嫌文字事

（Ⅳ）仮名字かきつゞくる事

（Ⅴ）書歌事

（Ⅵ）草子付色々符《シルシ》事

大野晋（一九五〇）が右の（Ⅰ）～（Ⅵ）のいずれの範囲を『下官集』とみていたかは不分明であるが、（Ⅲ）が大野晋（一九五〇）のいう「下官集」に含まれていることはたしかである。赤堀又次郎『語学叢書第一編』（一九〇一年、東洋社）には東京帝国大学国語研究室蔵新宮城旧蔵本（現東京大学文学部国語学研究室蔵本）の翻刻が載せられており、この翻刻に基づいて、国語国文学研究史大成15『国語学』（一九六一年、三省堂）の翻刻がつくられている。そこでは底本の記述順にしたがって、（Ⅴ）（Ⅱ）（Ⅲ）（Ⅳ）（Ⅵ）（Ⅰ）が翻刻されている。『国語学大辞典』（一九八〇年、東京堂）が「定家仮名遣」の項目に掲げている九条家旧蔵本の書影は（Ⅱ）と（Ⅲ）との部分のみである。そのことによるかどうかはもちろんわからないけれども、国語学（日本語学）においては、（Ⅲ）の「嫌文字事」のみに注意が向けられ、『下官集』総体をとらえない傾むきがなかったとはいえない。『下官集』を「かなづかい書」とみなし、そのように呼ぶこともあるが、稿者は浅田徹の「勅撰集（それもほぼ詞花集まで）書写のためのマニュアル」（「下官集の定家―差異と自己―」（『国文学研究資料館紀要』第二十七号、二〇〇一年、六十九頁）という見解に従いたい。

大野晋（一九五〇）の主張の検討に戻りたい。先にあげた1、2の1についてまず考えてみたい。再び1を示す。

1　当時同音になっていた「オ」と「ヲ」の音については、高いアクセントのオで始まる言葉は「を」で書き、低いアクセントのオで始まる言葉は「お」で書くこと。

大野晋（一九五〇）は次のように述べている。

定家がまさしくこれに據つたに相違ないといふ動かし難い明證を私は未だ得てはゐないのであるが、然し、ここに述べた条件、即ち、「を」「お」をアクセントによつて分けつつ、「いゐ」「えゑ」の区別はアクセントに依らず、且つ表記の典拠たりうべき文献といふ条件に適合する文献を一つ指摘することが出来る。

それは色葉字類抄（三巻本）である。即ち、卑見によれば、色葉字類抄の「を」「お」の部の分類はまさしく「を」上声「お」平声 といふアクセントの相違のみに依つてゐるのである。

三巻本『色葉字類抄』はその跋文に「自天養比至治承卅余年補綴无隙」（天養の比《ころ》より治承に至る三十余年、補綴に隙无《いとまな》し）と記されており、天養（一一四四）から治承末（一一八〇）頃に至る三十余年の間、補訂を重ねて成ったと思われる。西暦一〇〇〇年頃にはハ行転呼音現象も起こっているけれども、語頭ということでいえば、この十二世紀では「e〉je, o〉wo という変化によって、二つの母音音節が姿を消しただけだった」（小松英雄『いろはうた』一九七九年、中公新書、一五五頁）。「je」すなわちヤ行のエはそもそも「いろは四十七文字」に含まれていないので、「いろは四十七文字」でいえば、発音の区別が不分明になっていたのは、ア行のオとワ行のヲとだけということになる。

『色葉字類抄』の体例は改めていうまでもないが、見出し項目となる語の語頭の仮名によって「篇」にまず分け、その「篇」の内部を「天象・地儀・植物・動物・人倫」といった「部」に分け、その内部を「歳時・居処並居宅具」のような「類」に分ける、「いろは分類＋意義分類」という組織をもつ。書名にも「色葉（いろは）」が含まれているが、この辞書においては、まず見出し項目となっている語が「いろは」のいずれの「篇」に含まれるかがわからなければ（使用者側からいえば）「検索」ができない。辞書の編纂者側からいえば、それがわからなければ、見出し項目となっている語を配置することができない。「いろは四十七文字」のうち、「お」と「を」と以外は、発音によって区別ができるということであれば、「お」「を」についても発音で区別ができれば、辞書としては「一貫性」を保つことができる。また、問題となるのは語頭のみであった。そこで、（という表現を採っておくが）発音＝アクセントによって語を「お」「を」に配置した、というのが『色葉字類抄』ではないか。『色葉字類抄』の編纂者は、こうした方式を採ることによって、見出し項目となっている語を自身の「発音」によって、「お」「を」いずれかに振り分けることができ、使用者は、自身が探している語が「お」「を」いずれの「篇」にある（可能性がある）かを自身の「発音」によって、知ることができる。これは辞書編纂者のいわば「選択」であり、「選択」である以上、それを「工夫」と呼ぶこともできる。後の『節用集』のように、「お」「を」二つの「篇」を設けることをしないで、「お」または「を」の「篇」のみを設け、そこにすべて纏めるという「方式」もあり得たであろうが、『色葉字類抄』編纂者はそうした「方式」は選択しなかった。これを「工夫」という面からみれば、同じような「工夫」（発想）は別の人物によっても可能だったはずだ。

『色葉字類抄』の編纂者である橘忠兼の生没年は未詳である。少し妙な表現になるが、『色葉字類抄』の「補綴」が行なわれていた一一四四年から一一八一年頃に、「「お」「を」をアクセントの高低によってふりわける」という「工夫」（発想）があった、とすれば、一一六二年に生まれ、一二四一年に没した藤原定家がそうした「工夫」（発想）をもつ可能性はあることになる。

『色葉字類抄』は見出し項目とする語を「お」「を」に振り分けるということを、いわば優先させており、その語がかつてどう書かれていたか、には気配りをしなかったことになる。例えば「遠（を）篇」の植物部に置かれている「棘」字に「ヲトロ」という和訓が配されている。「棘」字に続いて「荊」「榛」を含めた四漢字が置かれ、いずれも和訓の位置に「同」とある。「オドロ」は〈草木が乱れ生えていること。そうしたところ。やぶ〉という語義をもつが、観智院本『類聚名義抄』においては、漢字列「（蔓）荊」（僧上・八丁裏一行目）に「オトロ」（上上濁×）、「草冠＋榛」（具体的には「木」ではなく「禾」、「秦」ではなく、「禾」の部分が「示」になっている字）（僧上・三十一丁裏四行目）に「オトロ」（上上濁×）、「棘」（僧下四十丁表七行目）に「オトロ」（上上濁×）、「榛」（具体的には「禾」の部分が「示」）（仏下本四十三丁裏四行目）に「オトロ」（上上濁平）とある。「古典かなづかい」は観智院本『類聚名義抄』にあるように、「おとろ（オトロ）」と考えられている。

「古典かなづかい」で「おとろ（オトロ）」と書いていた当該語を十二世紀頃までに、何らかの「事情」によって、「をとろ（ヲトロ）」と書くようになっていなかったかどうかは不分明であるが、少なくも「古典かなづかい」で「おとろ」と書いていた語を、アクセントが上声であることをもって「をとろ（ヲトロ）」と書き、「遠（を）」篇に収めたのが三巻本『色葉字類抄』の「方式」であったことになる。ここでは、「かつてどう書いていたか」ではなく、「今の発音を起点にして語を振り分けること」が優先されていることになる。そしてまた、『色葉字類抄』は「漢字列＋和訓」を見出し項目としているが、とりわけ、漢字列が関心事であったことは推測できる。となれば、当該語を仮名でどのように書くか、ということはそもそも『色葉字類抄』の（編纂目的の）「埒外」であったとみることもできる。

『色葉字類抄』のような体例をもつ辞書においては、見出し項目とした語を「いろは四十七文字」にしたがって、配置することがいわば「最重要課題」であり、それは切実であることになる。そしてまた、「お」「を」をアクセントの高低によって振り分けることによって、とにもかくにも、（アクセントを含む）発音によって、語の振り分けができているという点において「一貫性」を保っている［註4］。

先には、藤原定家が『色葉字類抄』と同様の「工夫」（発想）をもつ可能性がある、と述べた。定家は『色葉字類抄』と同じように、「お」と「を」とを振り分けることが「切実」であったのだろうか。『下官集』で採りあげられているのは「を」「お」、「え」「へ」「ゑ」、「ひ」「ゐ」「い」であるが、「へ」と「ひ」とはハ行転呼音現象にかかわっており、語頭では問題とならない。語頭ということでいえば、「お／を」「え／ゑ」「ゐ／い」に限られる。これを、「イ」から始まる語がどのくらいの数あり、「ヰ」から始まる語がどのくらいの数があるか、という観点からみてみよう。

便宜的な方法になるが、『岩波古語辞典　補訂版』（一九九〇年）を使い、「イ」「ヰ」、「エ」「ヱ」、「オ」「ヲ」から始まる語がどのくらい収められているかを数えてみた。いうまでもなく、当該辞典に収められている語はいわゆる古語であることは確かであるが、今話題にしている時期よりも後の時期に使われ始めた語も収められている。したがって、あくまでも便宜的な方法ということになる。

イ……一四五一語　ヰ……一四一語　両者合計一五九二語
エ……　二三六語　ヱ……一二九語　両者合計　三六五語
オ……一一三五語　ヲ……三一三語　両者合計一四四八語

「エ・ヱ」グループに属する語はそもそも少ない。「イ・ヰ」グループ、「オ・ヲ」グループには一四五〇語ちかくから一六〇〇語ちかくの語が属しており、どちらの仮名を使うかということがいわば「切実」であるが、「イ・ヰ」グループにおいては、「ヰ」から始まる語が十パーセントもなく、大部分が「イ」で始まるという特徴がある。そうであれば、「ヰ」から始まる語を覚えておけばよいことになる。「オ・ヲ」グループにおいても、「ヲ」から始まる語は二十パーセントを少し超える程度で、「オ」から始まる語が多い。しかし、「イ・ヰ」グループほどの「ひらき」はない。となれば、やはり「切実」度合いは「オ・ヲ」グループがたかい、とみることがあるいはできるかもしれない。

次に2について考えてみることにする。再び2を掲げる。

2　「え」「ゑ」「へ」、「い」「ゐ」「ひ」については、アクセントによらず、平安時代の仮名文書の用字例によって定める。ただし、定家の拠った平安時代の仮名文書がどんなものであったかは不明である。

右の大野晋の言説には幾つかの疑問がある。まず日本語のアクセントは周知のように高低アクセントであり、「え」「ゑ」「へ」あるいは「い」「ゐ」「ひ」のように、三つのものを高低アクセントによって、何らかの「区別」をつけることはそもそも原理的にできないのではないか。「アクセントによらず」は大野晋が考えたことをそのまま述べたともいえようが、そもそもアクセントによることはできないと思われる。

「平安時代の仮名文書の用字例によって定める。ただし、定家の拠った平安時代の仮名文書がどんなものであったかは不明である」も大野晋が考えたことをそのまま述べたともいえようが、言説が循環的にみえる。これは『下官集』（Ⅲ）の「右事は非師説只発自愚意見／旧草子了見之」（右の事は師説に非《あら》ず、只、愚意見より発《おこ》る。旧き草子にてこれを了見す）、就中「旧草子」という表現から導き出された判断と思われる。藤原定家は応保二（一一六二）年に生まれ、仁治二（一二四一）年に没している。藤原定家が『下官集』を記した時期について、浅田徹（二〇〇一）は「清輔自筆の古今集を見た後に」（八十三頁）書かれたと考え、「清輔自筆本の披見は建保末（七年が承久元年）前後であったろう。下官集の成立はそれ以降と判断してよいだろう」（同前）と述べる。とすれば、西暦一二一九年以降に『下官集』が書かれたことになる。仮に一二一九年に書かれたとすれば、その時定家は五十八歳ということになる。その定家が「旧草子」と呼ぶテキストは「平安時代の仮名文書」であることはたしかであろうが、それではいわばとりとめがない。定家は平安時代に書かれたテキストの書き方を踏襲しようとしていた、しかしそれが具体的にどのようなテキストであるかはわからない。ということは当然、どのようにそのテキストが書かれていたかはわからないということになり、定家が、自身が見た平安時代に書かれたテキストの書き方を踏襲しようとしていたかどうかも検証はできないことになる。（Ⅲ）に示されている書き方の中に、「古典かなづかい」に一致しない書き方が含まれているので、「ここに言ふ旧草子とは、平安時代の歌集と物語とであり、それらは院政期よりも後のものであつた為に、天暦以前の仮名用例と異るものが少なく、ために定家の定めたところもまた、所謂歴史的仮名遣と大きくひらいてしまつたと見る」（大野晋（一九五〇））ことになる。

『下官集』が掲げている語のかなづかいの中には「古典かなづかい」に合致しないものが含まれていることはたし

かなことといえよう。例えば、「かえての木」の「かえて」は「カエデ（楓）」のことであろうから、そうであれば「古典かなづかい」は「かへて」である。あるいは「ことのゆへ」が「事の故」であるならば、「ユエ（故）」の「古典かなづかい」は「ゆゑ」であるし、「ゆくゑ」は「古典かなづかい」では「ゆくへ」、「ツイニ」は「古典かなづかい」では「つゐに」ではなく「つひに」、「ヨイ（宵）」は「よひ」、「オイ（老）」は「おい」である。『下官集』は「ヨイ（宵）」と「オイ（老）」に関して、前者では「よゐ」「よひ」、後者では「おひ」「おい」の両様のかなづかいを示している。「右事は非師説只発自愚意見／旧草子了見之」の「右事」が先行する記事のどの範囲を指しているかが重要であるが、やはりもっとも自然なみかたは「一嫌文字事」すべてを指すとみることであろう。そうであれば、「旧草子了見之」は「緒之音」「尾之音」の条にもかかっていることになる。

大野晋（一九五〇）は自身の調査の結果、「比較的多く見られ、しかも旧い仮名用例と異つてゐるものを数へあげると、「お」「を」の仮名に明らかに多くの違例が見出される」と述べ、次のように例示する。

「を」をく（置）、をくる（送）、をくる（遅）、をこす（遣）、をこたる（怠）、をこなふ（行）、をす（押）、をそし（遅）、をと（音）、をとづれ（訪）、をのれ（己）、をもし（重）、をる（織）、とをし（遠）、なを（猶）、なをさり（等閑）

「お」おさなし（幼）、おさむ（治）、おしむ（惜）、おのへ（尾の上）、おばな（尾花）、おり（折）、おる（折）

「ゑ」ゆくゑ（行方）

「へ」うへ（植）、すへ（据）、ゆへ（故）

「ゐ」つゐに（遂に）よゐ（宵）

そして、「定家はハ行動詞の活用は殆んどすべて誤ることなくハ行の仮名で書いてをり、ここの例を通覧すると、定家の意識的に行つた仮名遣いは、「を」「お」のおびただしい相違を措いて、エとイの音についていへば所謂歴史的仮名遣と相違するところさして大きくはない。ただ、頻度の高い数語に於ける相違が我々の目に立つ訳であるが、「故《ユヱ》」をユへと書くのは、当時の内典外典の振仮名に於て通例であつたし、「植《ウヱ》」もウへと仮名を振る場合のあること、大矢博士の仮名遣及仮名字体沿革史料に散見してゐる。それゆゑ定家のこの仮名遣を、院政時代の一般用例に據つたものと認めることは、「を」「お」を除けば、差支えないと言へると思ふ。然し「を」「お」については、「え」「ゑ」以下と異り古い用例と相違するものが極めて多く、それらが厳格に書き分けられてゐるのを見れば、何か異つた基準が導き入れられてゐると見なければならない」と述べる。

しかし、「エとイの音についていへば所謂歴史的仮名遣と相違するところさして大きくはない」といった場合の「さして大きくはない」はどのような基準に照らして「さして大きくはない」のだろうか。また「「お」「を」の仮名に明らかに多くの違例が見出される」といった場合の「明らかに多く」はどのような観点から「多く」と判断しているのだろうか。そうしたことは大野晋（一九五〇）には示されていない。ここから、大野晋（一九五〇）は「「を」と「お」との使ひ分けの根拠を、当時のアクセントに求めようと試みた」という展開をみせる。つまり、『下官集』においては、「一嫌文字事」という一つの条下に例示されている語群を「を」「お」と「え」「へ」「ゑ」「ひ」「ゐ」「い」との二つのグループに分けて、それぞれが異なる基準によっているのではないかと考えたのは、大野晋であった。ただし大野晋（一九五〇）は「定家が「を」「お」のみをアクセントによつて使ひ分けたといふところには、何か特別の事情が存在したと見なければならないであらう。しかもそれが、何か典拠となりうべき性質の文献に依存していることは、「旧草子可見之」とある下官集の文字の示すところである」と述べており、「旧草子了見之」は「を」「お」にもかかっているとみている。ただし、「お」「を」に関しては右で引いたように「典拠となりうべき性質の文献に依存している」とみているが、「旧草子了見之」という一つの表現が、「を」「お」の場合には「典拠となりうべき性質の文献」で、「え」「へ」「ゑ」「ひ」「ゐ」

いだろうか。「い」の場合は、「平安時代の仮名文書の用字例」と相当に一般的であることはみかたに一貫性を欠いているのではないだろうか。

そもそも『下官集』の記事が仮名による書き方＝「かなづかい」を示したものだとすれば、それは例示によって書き方を示すというやり方をとっているのであって、「オミナエシ」はなぜ「をみなへし」と書くのかという理由や、どういう原理に基づいてこのように書くのか、という原理の提示などはなされていない。これが仮名による語の書き方のマニュアルだとすれば、この語はこう書くのだ、という結果だけが示されている。したがって、ここにあげられていない語については、どう書くのかはわからないことになる。『下官集』が実際に文献を書く場合に有効にはたらくのだとすれば、そもそも「(だいたいは)このように書く」ということが了解されていて、その上に、判断に困るような語、あるいは書こう、写そうとしている文献にしばしば使われる語の例示があったとみるほかないのではないか。つまり、『下官集』を覚えておけば、『古今和歌集』の書写には困らないというものではない、とそもそもみておく必要はないのだろうか。

仮名文字遣分析への展開

大野晋(一九五〇)は〈越〉を「「お」の仲間」(五頁上段)とみていた。定家の使った〈越〉についての考察を提示したのが、先にふれた、小松英雄「藤原定家の文字づかい──「を」「お」の中和を中心として──」であった。小松英雄はこの論文において、次に示したような、「基本字形」「補助字形」というみかたを提示した。

基本字形──特別の制約が加わらない場合に用いられる字形。現行の平仮名に一致するものも少なくない。

補助字形──同一字形の隣接を避けるなど、主として視覚的変化を与える目的で用いられる字形。基本字形との差異をきわ立たせるために、それと別字源の、しかも正体の漢字にいっそう近いものが多く用いられている。

右は当該論文が『言語生活』二七二号に掲載された時の言説であるが、『日本語書記史原論　補訂版』（二〇〇〇年、一四〇〜一四一頁）においては、次のように述べられている。

基本字体……特別の制約が加わらない場合に使用される字体。現行の平仮名と類似し、あるいは一致するものも多い。

補助字体……同一字体の隣接を避けたり、語頭に使用されたり、あるいは、一つの語が行末／行頭に分かれる場合にハイフンと同じ機能で行頭に使用されるなど、視覚的変化を与える目的で使用される字体。基本字体との差異をきわ立たせるために、別字源で、行書体、ないし、それに近い書体のものが多い。条件によっては、二次的補助字体も使用される。

二つの言説において、もっとも大きな異なりは、前者の「字形」が後者では「字体」という用語に変えられていることといえよう。また、「補助字体」の「定義」が後者では多岐にわたっている。ただし、小松英雄（一九七四）の末尾には、「なお、「字形」とは〈字の形〉であって、多くの場合「字母」と同義であり、また、ある場合には、同一字母の「字体」をさす。さらによい用語があれば改めたい。「基本字形」「補助字形」なども仮称ということにしておく」と記されている。

必要に応じて、小松英雄（二〇〇〇）にもふれることにするが、ひとまずは、小松英雄（一九七四）によることにする。

小松英雄（一九七四）は〈越〉について次のように指摘している。

これまでの検討から明らかなように、「越」は「を」「お」のいずれに対しても補助字形として用いられている。しかし、二種の仮名が一種の補助字形を共有する例は他に類を見ないだけでなく、それが定家仮名遣の特徴をなすところの「を」「お」の別に関わるものであるだけに、特に注目しなければならない。定家にとって、はたして「を」「お」は、「い」と「ろ」とのような関係で対立する仮名だったのか、はたまた、究極的には一つの仮名を便宜的に書き分けただけのものだったのかということが、ここでの問題なのである（三十七頁）。

池田亀鑑『古典の批判的処置に関する研究』第三部（一九四一年、岩波書店）に附載されている図表第二「土左日記諸本平仮名字体統計表」（二七三頁）は、「青谿書屋本を中心として、定家自筆本（定）図書寮本（図）近衛家本（近）三條西家本（三）大島氏本（大）為相本（為）に使用せられてゐる仮名字体を表示したもの」である。

図書寮本は、「宗綱自筆本の転写本（引用者補：宗綱筆本を式部卿宮智仁親王が写した本をさらに河野実顕が写した本）を底本とし、実隆自筆本の転写本を以つて校合した所謂合成本」（池田亀鑑、第一部、一〇二頁）、近衛家本は宗綱筆本を写したもの、三條西家本は三條西実隆筆本を写したもの、大島氏本は「三條西家本とは無関係に」（池田亀鑑、一部一一二頁）三条西実隆筆本を写したもの、為相本は、烏丸「光広が為家自筆本の本文を底本とし、これに対して縦横に加筆して改竄を加へ、その奥に、「雖鳳傍之鷗」と謙遜した識語を加へたものが原本（x）をなし、更に光広か又は他の何人かが定家本第二類及び大島本系統一本の本文を所々比校の上改訂して、中間的合成本（x′）を成立せしめた。しかしてその本を更に転写又は再転写したもの」（池田亀鑑、第一部一三二頁）である。

池田亀鑑によって、「青谿書屋本」が「為家自筆本の忠実なる臨摹であり、為家本がまた貫之自筆本の忠実な臨摹である」（『古典の批判的処置に関する研究』第一部、一四三頁）ことが指摘されていたが、一九八四年には為家筆本（右での「為家自筆本」）がその姿を現わし、萩谷朴「青谿書屋本『土左日記』の極めて尠ない独自誤謬について」（『中古文学』第四十一号、一九八八年）によって、青谿書屋本の独自誤謬は四箇所にとどまることが指摘され、改めて、「青谿書屋本が、為家自筆本の忠実なる臨摹」（池田亀鑑、第一部六十八頁）本であることが具体的に確認された。また定家筆本の末尾に附された貫之自筆本の臨摸箇所と青谿書屋本との対照等から「為家自筆本が、忠実なる貫之自筆本の臨摹」（同前八十五頁）であることも疑いないことと思われるので、今ここでは青谿書屋本を、異体仮名の使用というレベルまで含めて、貫之自筆本に準じるテキストと仮定する。したがって、池田亀鑑の作製した「図表第二」「土左日記諸本平仮名字体統計表」を貫之自筆本を軸とした表とみなすことにする。

本書において貫之自筆本と等しいものと仮定している青谿書屋本は仮名「を」に〈を〉を二十回、〈乎〉を一八八回使っている。定家筆本の「本文」は青谿書屋本とは全同ではなく、この「を」に関していえば、二箇所は対応しない。同様に図書寮本にも二箇所、近衛家本には三箇所、対応しない箇所がある。それらの箇所を別にすれば、定家筆本、図書寮本、近衛家本は貫之自筆本の〈を〉を〈を〉で写している。一方、三條西家本は十四回は〈を〉で写し、六回は〈越〉で写している。

また、貫之自筆本に一八八回使われている〈乎〉を定家筆本は〈を〉一三五、〈乎〉二十九、〈越〉二（二十二箇所は「本文」が異なる）というように写す。図書寮本は〈を〉一六三、〈越〉三（二十一箇所は「本文」が異なる）というように写す。近衛家本は「本文」が四十五箇所異なるが、「本文」が重なる一四三箇所については、その一四二箇所を〈を〉で写し、〈越〉の使用は一回のみである。三條西家本は「本文」が重なる一八四箇所を、〈乎〉一三六、〈越〉四十八というように写している。

結局、仮名「を」を書くのに、定家筆本は〈越〉を二回、図書寮本は三回、近衛家本は一回しか使っていないことがわかる。貫之自筆本においては〈越〉は一回も使われていないことからすれば、〈越〉に関しては、各本の使用状況はちかいとみることもできる。しかし、貫之自筆本が一八八回使っていた〈乎〉に関しては、右に示したように、定家筆本は一三五回、図書寮本は一六三回、近衛家本は一四二回、〈を〉を使っている。三條西家本は、〈乎〉を一三六回使っており、その点では貫之自筆本の〈乎〉をよく保存しているといえるが、その一方で、〈越〉も四十八回使っている。これを全体としてとらえれば、「〈乎〉から〈越〉へ」といえよう。

池田亀鑑（一九四一）は「図表第二」の前に、「図表第一」「古代平仮名字体一覧表」を示す。これは大矢透『音図及手習詞歌考』（一九一八年、大日本図書）の第四章「伊呂波歌」の第五節「空海時代の草仮名字体」において示された表（空海勝道碑・法華文句・玄奘法師表啓・金剛般若集験記・金光明最勝王経・大智度論・蘇悉地羯羅経略疏に使用された異体仮名の表）を含め使い、それに「大屬有年識語」以下「元永本古今和歌集」までの十八のテキストを加え、「平安時代の前期・中期・後期に亙り、実用的・美術的の両方面の平仮名字体の主なものをあげ、その使用度数の少いものは任意之を省いた」（二三六頁）表である［註5］。この表をみれば、「〈乎〉専用」→「〈乎〉〈を〉併用」→「〈を〉〈越〉併用」というような「流れ」を看取することができる。「図表第一」に載せられているテキストでいえば、〈越〉は「継色紙」に初めてみえる。ただし、右に引いたように、「使用度数の少いものは任意之を省いた」とのことであるので、それ以前のテキストに〈越〉がまったく使われていないかどうかはこの表からはわからない。

拙書『仮名表記論攷』一八一～一八四頁に掲げた「字母表」はいわゆる藤末鎌初に書写された十のテキストを対象としており、観察の時期は絞られているが、各異体仮名がどれだけ使用されているかという数値を示している。〈越〉の使用に関していえば、これら十のテキストにおける使用は、合計一一五に留まる。〈越〉をまったく使用しないテキストも三ある。これに対して、〈を〉の使用は、合計一六七五である。〈乎〉の使用は、合計で五七である。つまり、この時期の歌集テキストでは、案外と〈越〉が使用されていない。定家が〈越〉をどのように使っているかということを考えるにあたっては、〈越〉がどのように使われてきたかという通時的な視点、定家と同時期にどのように使われていたかという共時的な視点が必要であることはいうまでもない。

定家の〈乎〉

先にもふれたように、青谿書屋本すなわち貫之自筆本においては、〈乎〉が一八八回使われていた。〈を〉の使用は二十回であるので、青谿書屋本においては、仮名「を」にあてる仮名字体は〈乎〉が支配的であったといえる。池田亀鑑の「土左日記諸本平仮名字体統計表」によれば、定家筆本においては、青谿書屋本＝貫之自筆本の一八八回の〈乎〉の一三五回に〈を〉を、二回に〈越〉を、そして二十九回に〈乎〉をあてていることになる。二十二回は定家筆本の「本文」が青谿書屋本と一致しないために、そもそも仮名「を」が使われていない。ただし、実際は、植喜代子「藤原定家の変体仮名の用法について」（『国語学攷』第八十二号、一九七九年）、島村若枝「藤原定家使用の仮名字母研究―『伊勢物語』『土左日記』について―」（『東洋大学短期大学論集　日本文学編』第二十三号、一九八七年）、依田泰「定家本『土左日記』仮名遣小考―「を」と「乎」に関するノート―」（日本文学協会『日本文学』第四十三巻第九号、一九九四年、後、二〇〇五年、笠間書院『藤原定家―古典書写と本歌取』再収）が示すように、三十一回である。青谿書屋本については、東海大学蔵桃園文庫影印叢書『土佐日記・紫式部日記』（一九九二年、東海大学出版会）を使用しているが、丸括弧内には、池田亀鑑『古典の批判的処置に関する研究』第三部附載の青谿書屋本の頁と行とを入れた。定家筆本が〈乎〉を使った三十一回、〈越〉を使った二回を次にテキストに出現した順で示す。依田泰（二〇〇五）は二月九日の条（80頁3）の「きみこひてよ乎ふるやとの／むめのはな」の助詞「ヲ」が定家筆本に「よ乎ふる」（四十一オ）とあるとみているが、定家筆本には「きみこひて世をふるやとの梅花／むかしのかにそ猶にほひける」とある。

定家筆本において〈乎〉が使用された箇所　○は助詞「ヲ」の場合

			青谿書屋本	定家筆本
	1	十二月二十一日（1頁1）	乎とこもすなる	乎とこもすといふ
	2	十二月廿七日（10頁2）	さ乎／させと	さ乎させと
	3	一月七日（20頁5）	おむなおきなておしつへし	おんな乎きなにをしつへし
	4	一月十一日（29頁4）	乎とこもをんなも	乎とこもをんなも
	5	一月十七日（36頁1）	む／かしの乎とこは	むかしの乎とこは
	6	一月十八日（38頁1）	乎とことちは	乎とことちは
	7	一月廿日（43頁1）	あ乎うなはら	あ乎うなはら
	8	一月廿日（43頁5）	こゝろ乎ゝとこもしに	ことの乎とこもしに
○	9	一月二十一日（47頁1）	いふなること乎おもふ	いふなること乎おもふ
	10	一月二十七日（52頁7）	乎とこたちの	乎とこたちの
	11	一月卅日（57頁3）	乎とこ乎んなからく	乎とこをんな／からく
	12	二月四日（64頁2）	おや乎さなく／なりぬへし	おや／乎さなくなりぬへし
	13	二月五日（71頁4）	くち乎し／されは	くち乎しされは
○	14	二月五日（71頁8）	かゝみ乎いれて	かゝみ乎いれて
	15	二月六日（72頁6）	み乎つくしのもとより	み乎つくしのもとより
	16	二月六日（72頁8）	おむなおきなひたひ／にて乎あてゝ	乎んなおきなひた／ひにて乎あてゝ
○	17	二月六日（72頁9）	て乎あてゝ	て乎あてゝ
○	18	二月六日（73頁4）	かし／ら乎もたけて	かしら乎もたけて
○	19	二月七日（76頁4）	いはさらましもの／乎と	いはさらましもの／乎と
	20	二月八日（77頁2）	乎とこともひ／そかに	乎とこ／ともひそかに
	21	二月八日（77頁5）	い乎／ふ用	い乎／ふ用
○	22	二月九日（77頁8）	ふね乎ひきつゝ	舟／乎ひきつゝ
	23	二月九日（78頁3）	い乎なとこへは	い乎な／とこへは
○	24	二月九日（78頁5）	なきさの／院といふところ乎	なきさの院といふ所／乎
○	25	二月十一日（82頁8）	やまのよこほれる乎	山のよこほれる乎

○	26	二月十一日（83頁1）	これ／乎き、て	これ乎き、／て
	27	二月十一日（83頁1）	乎／かみたてまつる	乎かみたて／まつる
○	28	二月十一日（83頁8）	そこにうつれる乎／みて	そこにうつれる乎みて
	29	二月十六日（91頁4）	乎ん／なこの	乎んなこの
○	30	二月十六日（92頁3）	こまつのある乎	こまつのある乎
	31	二月十六日（92頁9）	わすれかたく／くち乎しきこと	わすれかたく、ち乎しきこと

貫之自筆本の〈乎〉に定家筆本が〈越〉をあてた箇所

1	一月九日（25頁6）	乎のこも／ならはぬは	越のこもならはぬは
2	二月五日（65頁6）	乎つのうらなる	越つのうらなる

植喜代子（一九七九）はここで話題としている尊経閣文庫蔵定家筆本『土左日記』の他に、伊達本と呼ばれることのある、定家筆と目されている『古今和歌集』、『更級日記』、自筆本『近代秀歌』及び、学習院大学蔵天福本『伊勢物語』を調査対象としている。その調査によれば、〈乎〉を使用するのは、定家筆本『土左日記』のみである。このことからすれば、〈乎〉は定家自らが使うような字体ではなかった可能性がたかい。

青谿書屋本十二月二十七日の条中に「みやこへとおもふ〈乎〉もの、かな／しきは」（8頁3）とある箇所、定家筆本には「みやこへと思ふも、のかなしきは」とあり、〈乎〉を「も」としている。一月七日の条中の「いと〈乎〉かしかし」（16頁6）とある箇所、定家筆本には「いともかしこし」とあって、ここでも〈乎〉を「も」としている。これらはいわば冒頭にちかい位置であり、定家が貫之自筆本の字体に慣れていないということもあろうが、そもそも自身が使わない異体仮名であったために、文脈如何によっては判読そのものに手こずっている可能性がある。「文脈如何」と述べたのは、青谿書屋本で使用された一八八回の〈乎〉の一三五回は〈を〉をあてているからである。

右に掲げた三十一箇所が、定家筆本において〈乎〉が使用された箇所であるが、そのうちの二十九箇所は青谿書屋本でも〈乎〉が書かれている。それは定家が依拠テキストの異体仮名使用をそのまま受け継いだからだとみるのがもっとも自然な「推測」ではないか。定家筆本『土左日記』は「解釈本文的」（矢田勉　二〇一二、三三二頁）であるという先入主を捨てれば、そうみるのが自然ということになる。特別な事情がない限り、依拠テキストをできるかぎりそのまま写す、というのが自然なのであり、その自然なレベルでのみかたということになる。矢田勉（二〇一二）は「内容―文脈―文言―仮名遣―使用字種―仮名字体―改行位置―筆跡」という「テキスト要素の階層モデル」（三三四頁）を示した上で、小松英雄（二〇〇〇）の「定家の整定したテクストは、伝存する最善本を選んで忠実に写し取ったものではなく、当時の人たちにとって不自然に感じられたり誤解を生じやすい表現は、自然かつ明快な表現に書き改め、両義の理解が成立する箇所は一義にしか理解できないように処置する方針がとられている」（一三三頁）という言説を「「文脈」のみまでが改変が許されない要素と考え、それ以下については必要に応じた改変が許されるという意識の下、古典を書写していた」（三三四頁）とみる「みかた」であると述べ、その上で、しかしながら「定家にとっての本質部分は、当時として一般的な意識であったと考えられる「文言」までとみて良いのではないか」（三三四頁）と述べる。稿者と表現のしかたは異なるが、「みかた」としては重なる。

例えば、依田泰（二〇〇五）は「改変」という用語を使う。これはわざわざ、あるいは意図的に改めているという含みを感じさせる用語であるが、ある箇所については「改変」とみなし、ある箇所については「誤写」とみなす。「改変」箇所も「誤写」箇所も、結局は青谿書屋本とは異なる箇所ということであり、ある場合にはそれを「改変」と呼び、ある場合にはそれを「誤写」と呼ぶ。青谿書屋本通りではないという意味合いにおいては、あるいは依拠テキストをそのまま写したかどうか、という観点からは、そうしたすべてを「誤写」とみることもできなくはない。もちろん、大野晋（一九五〇）の主張する「定家かなづかい」に沿ったかたちでの異なりを少なからず見出す事ができるという点においては、すべてが「誤写」とはいえないが、そうした箇所以外について、定家には積極的に「本文」を「改変」する意図はなかったという「みかた」は成り立つのではないか。

ところで、小松英雄（一九七四）は次のように述べている。

定家の態度は所与の作品を忠実に写し取るということでなしに、不自然と感じられたり意味不通と判断された箇所については、みずからの考えによる正しい形にそれを改めている。定家本が他の諸本に比してわかりやすいのもそのためであるといってよさそうである。そして、そのようにして整定された本文は、定家自身によってそこに確定されたところの解釈が誤りなく読み取れるように、細心の工夫をこらして表記されている。それらは証本として文字どおり忠実に写し継がれてゆくことが最初から予定されているのである。もちろん、その書写は毛筆によることが前提されているから、活字による翻刻には明らかな限界があるが、現今のそれは、あまりにも定家の意図を無視しすぎているといわなければならない。

連綿や墨つぎなどによって、いちおう意味の区切れを示すことは可能であるが、唯一の解釈しか許容しないという立場からは、表意的な漢字の導入が効果的である。ただし、いったん漢字をあててしまうと、意味は理解できても、そのよみの択一が困難になることがある。たとえば、「夜」はヨルなのかヨなのか、「衣」はコロモなのかキヌなのかというたぐいの問題がそれである。この点についての十分な配慮なしに自由に漢字をあててしまうと、それを再び仮名の連鎖として正しく復原することが不可能になってしまうことになる。定家はそのような混乱が生じないように、「夜」はヨに、「衣」はコロモに限定し、ヨルやキヌは仮名書きにしているし、さらに、マタは「又」、まだは「また」とするというたぐいの約束ごとを設けている。

一般に、平仮名文献では同一の音節を表わすための多くの字形を、整理せずに併用しているのがつねであり、定家本がその例外であるとは考えられていない。すなわち、所用の仮名は伊呂波四十七字に収斂するのが自明のことと考えられており、せいぜい、そのほかには濁音仮名が注意される程度にすぎないのである。しかし、音韻論的対立がなければ文字を対立的に使用することが許されないわけではないから、特定の文献に、どれだけの種類の仮名が、たがいに有意的な差をもって使用されているかは、帰納の手順を経て、はじめて確認しうるのである。平仮名文献といっても、美意識の顕現をその一時的な目的とはしていないこれらの諸本において、「あ」と「阿」、「い」と「伊」のような字形が、相互に大きな頻度の差をもって併用されていることには、何か特別の理由があるのかもしれない。ここには、そのような問題意識のもとに、従来、まったく注意の向けられなかった事がらについて検討を加え、今後の研究の方向をさぐってみたい。

右の言説について幾つかのことがらを補いたい。藤原定家が「マタ（又）」には漢字をあて、「マダ」には仮名をあてているということ等については、小笠原一が「「又」と「まだ」・「事《こと》」と「来《こ》と」―定家自筆本に関して―」（『学芸国語国文学』第八号、一九七三年）において指摘している。これは語を書くにあたって、どのように漢字と仮名とを使うか、ということがらについての分析である［註6］。

「濁音仮名」は、より丁寧に表現するのであれば、濁音音節にどのような仮名字体をあてるかということで、鈴木真喜男「「地」のかな―定家自筆本における―」（『国語研究』第八号、一九五八年）が〈地〉の使用について述べている［註7］。現在いうところの「仮名文字遣」の指摘の嚆矢といってよいと考える。

右では「音韻論的対立がなければ文字を対立的に使用することが許されないわけではないから」と述べられていて、「音韻論的」は「対立」で、文字の使用は「対立的」と表現されている。「音韻論的対立」は改めていうまでもなく「排他的」に成り立っている。ここで小松英雄が指摘している現象は、一つの例外もなく、ということではないと思われ、その意味合いで「排他的」ではない。「対立的」の「的」はそうしたことを配慮した表現のようにみえる。そしてまた「有意的な差」という表現がみられ、これも「有意」ではなく「有意的」である。ささいな表現に拘泥しているように思われるかもしれないが、こうした点が次第にないがしろにされ、当初は意図されていなかった方向に研究が広がっていくということがあるのではないだろうか。

右には定家によって「整定された本文」は「定家自身によってそこに確定されたところの解釈が誤りなく読み取れるように、細心の工夫をこらして表記され」「証本として」「忠実に写し継がれてゆくことが最初から予定されている」とある。ここに、後にさまざまな論文で繰り返し使われる「証本」という概念が提示されている。そういう「証本」であるので、「細心の工夫」がこらされているというのが小松英雄（一九七四）の主張である。そして「写し継がれてゆく」ともある。定家の「証本」が定家以外の同時代の人物によって、あるいは定家の後の時代の人物によって、ということになる。小松英雄（一九七四）の言説は、「高く発音される uo は「を」で、また、低く発音される uo は「お」で表わ」すということを含んでいると思われるが、それは定家周辺の同時代の人物には自明のことであったのだろうか。あるいは後の時代の人物にも自明のことであったのだろうか。これまでに、定家が右のように「を」「お」を使ったということが記されている文献の存在は報告されていない。そうしたことは定家のみが知っていればよく、定家以外の人物は、ただ定家の「整定」した「本文」を黙ってそのまま写していればよい、ということなのだろうか。しかし、どのように「細心の工夫」がこらされているかを知らずにテキストが定家の意図通りに読み解けるはずもない。

また、「連綿や墨つぎなどによって、いちおう意味の区切れを示すことは可能である」とある。このことも繰り返し引用されていく。連綿や墨つぎが「意味の区切れ」に一致している箇所がある、ということと、「連綿や墨つぎなどによって」「意味の区切れ」を表示しているということとはまったく異なる。

さらにまた、「美意識の顕現をその一時的な目的とはしていない」も気になる。例えば、「美意識の顕現を」「一次的な目的と」しているものとして、小松英雄（一九七四）はどのようなものを想定していたのだろうか。『継色紙』や『寸松庵色紙』のようなものが想定されていたのだろうか。たしかに、『継色紙』や『寸松庵色紙』は「美しく書く」ということが意識されているといってよい。あるいは、「書くことだけを目的としていない」といってもよい。しかし、文字が書かれている以上、その文字を読むということが想定されていないはずはなく、「美意識の顕現」は結局は「程度」としてとらえるしかないのではないか。「美」のみを目的とした文書は考えられないし、といって「美」をまったく配慮しない文書はあるにしても、やはり「程度」としてとらえるべきではないか。

先にふれたように、大野晋（一九五〇）は学界に受け入れられ、その言説に対しての疑問は提示されることなく、今日に至っていると覚しい。そのためか、藤原定家の表記についての分析は大野晋（一九五〇）が提示した「定家かなづかい」の周辺にかかわることがらにおいて、多岐にわたって展開した。

具体と抽象、あるいは個別と体系

註3において述べたように、定家筆本『土左日記』に関しては、どこまでが定家の一日目の書写で、どこからが二日目の書写か、ということまでが論じられている。その結果、五十六頁あたりまでが一日目の書写ではないかと推測されている。これはこのテキストに記しとどめられている「情報」とテキストの状況とを重ね併せることによって、可能になった「推測」である。当該テキストに関しては、いわばさまざまな条件が整っており、定家が写した依拠テキスト、すなわち貫之自筆本のかたちが相当に具体的に「再建」されている。その「再建」テキストの具体性に応じて、分析、考察も具体的に展開することが可能で、ためにさまざまな「読み取り」が可能であることになる。また、定家筆本『土左日記』を仔細に観察することによって、藤本孝一（一九九四）にみられる「(36)の「わ」は先に普通の「わ」

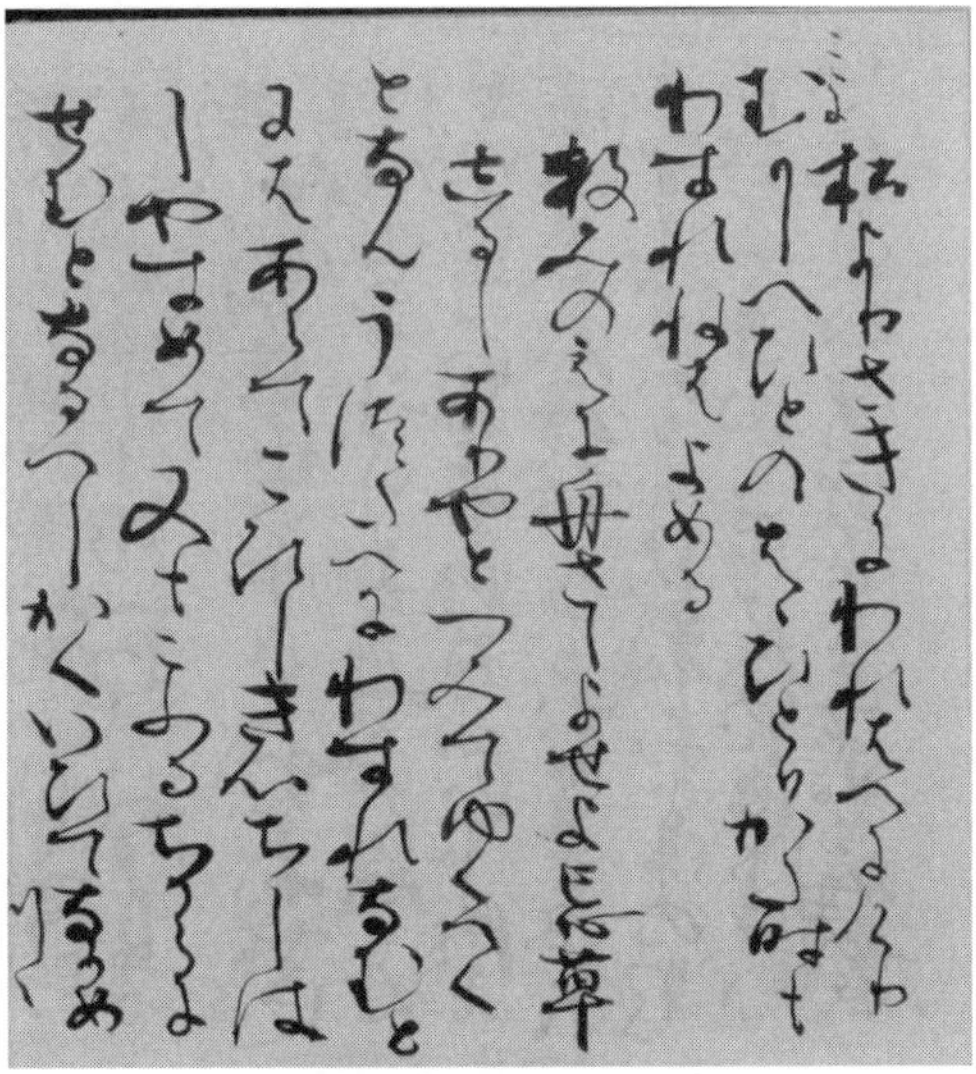

定家筆本『土左日記』35丁裏

を書いた後に周辺をなぞって太く定家様の字体に整えている。（38）は「将」の一部を擦消て字体を整えている。（43）は「万」をなぞって太く定家様の字体に整える。全文が定家の自筆とするならば、擦消・なぞり書き・追書き等をしてまで字体を整える必要があったのであろうか。重ねて言うと、定家書風の特徴というボテとした書き様を（36）では意識的に行っている。これは、定家様を真似する意識が現れた行為ではなかろうか。そうなると、この本自体に占める定家様は、右筆書きと認められる」「35丁裏2行「むかしへひと、、、」の上に追記されている「こゝに」は、少し震えが見られる別筆で、定家自身の筆になる校訂箇所ではなかろうか。他の例に、定家の自筆私家集『拾遺愚草』3帖（重要文化財、冷泉家時雨亭文庫蔵）も殆どが定家様で書写さか《ママ》れていて《ママ》るが、校訂・追記・改変箇所が他筆に成っている。清書を右筆に頼み、後に定家が校訂するのが定家関係典籍に見える書写の形ではなかったか。今後の検討課題である」といった「みかた」が提示されている。ここでは、ある文字がなぞり書きされている、あるいは追記があるといったことが話題になり、このなぞり書きは定家が書いたのではない。この追記は定家が書いたということがもっぱら筆致から推測されている。手が震えて整斉とした字が書けなかったので、後から少しなぞって字形を整えたということは絶対にないということなのだろうが、その「絶対にない」ということは証明されているのだろうか。過去の文献に関して、誰が書いたか、ということは、予想される書き手が、確実に書いたことがわかっている「真跡」と比較するしかなく、仮に確実な「真跡」が存在していたとしても、年齢による筆致の異なりなどを勘案する必要もあり、結局その判断は絶対のものとはならない、と考える。過去から現在に至るまで、ある文献の書き手が誰か、という判断は「揺れ続けている」ということもできるのではないか。

言語学（日本語学）という枠組み内に設定される課題で、「ある文献の書き手が誰か」ということによって左右される課題はほとんどないといってよい。ある文献から看取される言語事象を特定の個人に結び付けなければ論じられないということはない。ある文献において、係り結びの違例がみられた場合、いつその文献が書かれたかはわかっていたほうがよいが、誰がその文献を書いたかをつきとめなくても、看取した言語事象について話題にすることはできる。それは、言語学（日本語学）という枠組み内に設定される課題は、共有されている言語についての課題であるからで、特定の個人の言語生活の解明を課題とすることはほとんどないからである。

藤本孝一（一九九四）は先に引いたように、きわめて具体的な観察を起点として、論を展開する。その一方で、尊経閣文庫に蔵されている、定家筆とみなされてきた『土左日記』テキストが、いわゆる定家かなづかいを採っていると思われる箇所があることについて、「その行為は、右筆が行ったのでもよく、または定家模写本に定家が脇に書いたのを右筆が升型本へ写してもよい」と述べる。わざわざ（といっておくが）貫之自筆本をさながらに臨模したテキストを作製しながら、その「本文」の「脇に」定家が自身のかなづかいを（いわばメモのように）書くという「みかた」が現実的なものとは思いにくい。そのようなメモが書き加わってしまっている臨模本は貫之自筆本の臨模本として認められるのだろうか。いわば「わけのわからないテキスト」になりはしないか。そして、これまでにそういうメモを書き加えられたテキストの存在が具体的に指摘されているのでもない。あるいは定家かなづかいは他人に伝えた形跡がない、と考えられてきている。そうしたいわば「定説」をいともたやすく覆し、「右筆」がそれを行なえるという。その根拠は何か。それを定家にちかしい「右筆」だから、というのであれば、この「右筆」は結局は原理的には定家自身といってよい。ここでの「右筆」は具体的にこの人物がそれであろうという指摘を伴っておらず、いわば仮設された概念であるので、そういうことになる。藤本孝一（一九九四）も「ここで、確認しておきたいことは、定家右筆本といってもそれはあくまでも、定家監督下において書写されたもので、定家の意志が入っている定家本そのものといっても過言ではない」と述べているのであって、尊経閣文庫蔵『土左日記』は、「具体」においては「定家右筆本」であるが、「抽象」においては「定家筆本」であると述べているとみることができるのではないか。それにしても、藤本孝一（一九九四）は極度に具体的で、その一方で、原理面においてはずいぶんと放恣にみえ、両者のバランスがよくないように思われる。

言語研究が「具体」的なあるテキストの観察から始まったり、「個別」的な事象から始まったりすることはある。それはそれでよいが、言語事象に関しての分析、考察である以上、最終的には一般化、「抽象」化が必要になるし、「体系」的な「みかた」が必要になる。そして何より両者のバランスが程よくとられていることが重要であろう。

結語

再び大野晋（一九五〇）の指摘をあげておく。

1　当時同音になっていた「オ」と「ヲ」の音については、高いアクセントのオで始まる言葉は「を」で書き、低いアクセントのオで始まる言葉は「お」で書くこと。

2　「え」「ゑ」「へ」、「い」「ゐ」「ひ」については、アクセントによらず、平安時代の仮名文書の用字例によって定める。ただし、定家の拠った平安時代の仮名文書がどんなものであったかは不明である。

2は『下官集』の記事から推測できることであったが、1については『下官集』にも記されておらず、一定の「手続き」によって導き出されたものであっただけに、1が注目を集めることになった。2は、いわばこれまで書いてきたように書く、ということであり、なぜ「これまで書いてきたように書く」かといえば、書き方を変えない、同じ語は（できるだけ）同じ書き方をする、という枠組みの中における判断であったと覚しい。矢田勉は「定家の表記再考」において、「定家が仮名遣を定めた理由」として「I「いろは」四十七字体系の保持」「II 一語一表記の方針の一環としての仮名遣」の二つを提示している。IIは稿者のいう「同じ語は（できるだけ）同じ書き方をする」と重なり合う。Iを大前提とすれば、結局は定家の「方針」はII一つ、すなわち「同じ語は（できるだけ）同じ書き方をする」ということであったとみることができる。「お」と「を」とに関しては、そうするために、「これまで書いてきたように書く」という「方針」を採ることができなかった。なぜならば、「これまで」がすでに「揺れ」の中にあったからだ。そこで定家はいわばやむをえず、「アクセントによる」というやり方を採ることにした。そのことによって、「これまで書いてきたように」という「方針」を貫くことはできなくなったが、そもそも「これまで」が「揺れ」ているのだからそれはやむをえないことともいえる。アクセント＝発音によっているのだから、このことに関わるあらゆる語について、「お」「を」のいずれかを使うか、ということを排他的に決めることができる。それがこの「方針」を導入した理由であろう。このことを書き残していないことからすれば、そうしたかったのは定家個人だったということになる。

右に述べたように、稿者は「同じ語は（できるだけ）同じ書き方をする」というのが定家の大きな「方針」で、その大きな「方針」の中に、Iが含まれているとみるのがよいのではないかと考える。矢田勉も先に引いた論文中で「「仮名遣」の名でこれ（引用者補：「お」「を」をアクセントによって使うということ）だけが特立されるべきものでは必ずしもなかったであろう」（三三三頁）と述べている。

定家個人が日本語を書くにあたって、どのような「方針」をもっていたか、ということの追究が国語学、日本語学の追究すべきことがらでないということはない。しかし、一般論として考えた場合でも、個人がどうしていたかということの「評価」は同時期の、定家以外の他人あるいは定家が属していない「文字社会」がどうであったかということを対照して初めて可能になる。そのことが等閑視された時期があったことは否定できないだろう。定家がどうしたか、ということのみが、十分に条件が整わない文献を使って展開していた時期がたしかにあったと考える。そうしたことを現時点で確認しておくことは今後の「方向」を考えるにあたっての少なくとも「参考」にはなる、と思いたい。

【註】

［**註1**］ 藤本孝一「尊経閣文庫蔵『土左日記』（国宝）の書誌的研究」（京都文化博物館紀要『朱雀』第七集、一九九四年十二月）には「尊経閣文庫蔵『土左日記』（国宝）を調査した結果、定家様の書風をよくした右筆書きで定家校訂になる本を指示しているとの結論に成った。そうなると、尊経閣文庫本は蓮華王院宝蔵収納・紀貫之本から直接に書写が行われていなかった。しかし、定家は模写をしたと奥書に書いているからには、定家模写本が存在していたに相違ない。定家による模写は貫之本と同様な紙形を用いて、一紙毎か、巻子仕立てにしていたかのいずれかであろう。その模写本をもとに右筆が升型本へ写した後に、定家は自ら校訂したのが尊経閣文庫本であろう。また尊経閣文庫本の文章に荒れはあっても、定家仮名遣に改変されている。その行為は、右筆が行ったのでもよく、または定家模写本に定家が脇に書いたのを右筆が升型本へ写してもよいのである。『仮名文字遣』の著者行阿の序によれば、定家が『拾遺愚草』の清書を行阿の祖父・源親行に依頼した折、仮名遣を一定にしては如何かとの提案に答えて、定家が親行に書き出させて合点を加えたとある。また『下官集』の記述と矛盾するところであるとも云われている。しかし、親行清書のことを考えれば、定家模写本から升型本へ写す時、右筆等も仮名遣に関与していたとしてもおかしくはない」と述べている。藤本孝一（一九九四）は、現在尊経閣文庫に蔵されている、国宝指定を受けたテキストとそっくりで、かつまぎれもなく定家が書いた『土左日記』テキストが、現在はないけれども、過去にはあったと主張しているのだと思われる。とすれば、尊経閣文庫蔵本に記されている奥書はその「過去にはあった」定家筆本の奥書ということなのだろ

うか。藤本孝一（一九九四）はそれを「定家模写本」と呼んでいる。テキスト全体が貫之自筆本を模写した「定家模写本」であるのだとすれば、貫之自筆本の二面のみを紀貫之の「手跡之体如形写留」める必要はないはずで、訝しい。

また片桐洋一「『土左日記』定家筆本と為家筆本」（関西大学国文学会『国文学』第七十七号、一九九八年三月）は藤本孝一（一九九四）にふれ、「これをもって、藤本氏はこの尊経閣文庫本を定家自筆ではなく右筆書きだとする根拠にしておられるのであるが、私もこれとまったく同意見であって、氏の炯眼にあらためて敬意を表したいと思う」と述べ、さらに「結び」においては、「大阪青山短期大学所蔵の為家筆本が為家監督書写本である可能性を捨て切れないばかりか、その親本が貫之筆本そのものではなく、その前年に父定家が蓮華王院所蔵の貫之筆本を直接披見して感激とともに忠実に臨摸した本であることは疑いない」と述べる。ちなみにいえば、片桐洋一も右に引いたように、尊経閣文庫に蔵されている『土左日記』について「定家自筆」という表現を使い、その一方で、大阪青山短期大学所蔵の本については「為家筆本」という表現を使い、一貫していない。つまり、「自筆本」と「筆本」とを用語として区別しない。

右の言説中の「貫之筆本」は稿者の表現では「貫之自筆本」である。藤本孝一、片桐洋一は尊経閣文庫蔵『土左日記』の書き手が藤原定家であることを否定している。しかし、清水義昭「尊経閣文庫蔵『土左日記』は定家右筆本にあらず」（二松学舎大学『東洋学研究所集刊』第三十一集）は、その論文タイトルにあるように、定家右筆本であるというみかたを否定し、「尊経閣文庫蔵『土左日記』は、定家の自筆本であるということ。自筆本で、間違いないということ。それから、二つ目に、文庫本（引用者補：尊経閣文庫蔵『土左日記』のことを指す）の校訂は書写の過程で行われたもので、書写終了後になされたものじゃないということです。それから三つ目としては、仮名遣いとか仮名文字遣い、用字法です、などの定家の独自のこの書記法は、右筆のよくするところではないだろう。右筆にそこまでのことはできない。定家の書記法は為家にすら伝授した形跡が見られない。定家以外の誰にもこの書記法は必要なかったのである。又、定家に似せたそっくりな字を書くことができたとしても、そういう定家独自の書き方、書記法、用字法、あるいは仮名遣いその他の問題を、そこまで右筆はクリアできていただろうか。まさに定家のクローン人間でもなければ、そういうことはできないだろうということです。ましていわんや、この文庫本の『土左日記』の文字は、字形はまさしく定家の自筆であるということが判明しているわけですから。四つ目としては、特に後半において、この原本への著しい回帰的諸相、五六ページ以後のですね、書写の様子を見ていきますと、定家の使わない仮名が出てきます。それは貫之が書いている仮名です。それを定家はそのまま写し取ってしまいます。それから「猶」にしてもそうです。彼の表記の普通の形は「なを」なんです。彼は「なを」で一回も書いてない。全部原本通り「なほ」で書いているというわけです。それから又、その他の仮名もですね、四つ五つ位の仮名、これ全部定家が使うことがない仮名をそっくりそのまま使ってるということは、後半において、やはり、かなり疲れてきたか、あるいはもう一つ、二日間で書いた、二日間というもの、これは限定された時間なのか自分で二日間って言ったのか、どうもよく分かりませんけれども。そのとにかく、二日目にそういうことが非常に多くみられる」と述べている。

冷泉家時雨亭文庫には藤原定家の自撰歌集である『拾遺愚草』が蔵されている。このテキストは、従来（いわば無条件で）定家自筆本とみなされてきていた。冷泉家時雨亭叢書『拾遺愚草　上中』（一九九三年、朝日新聞社）「解題」（久保田淳執筆）は当該テキストに、やや筆致が異なる箇所がみられることにふれた上で、「これらのことは、やや時日を置いて書写する場合には同一人の場合にも生ずる違いとも考えられるし、作者自身が書写しても誤写は生じないとは限らないから、これらのゆえに直ちに全巻が定家の自筆であることを疑うのは軽率であろう。しかしながら、本文の大部分を書写してから相当の年月を隔てて遁世後の贈答歌の追補や注記の書入れなどがなされたとも考えがたいのである。また「ふるさとは」の歌に見られる補訂なども、作者以外の人物の書写による誤脱を作者自身が訂正したとすれば説明しやすいことも確かである。それゆえ、定家の典籍書写にしばしば見られるごとく、ここでも定家の書風に酷似した字を書くその側近の者が定家の綿密な指示の下に書写したのち、定家がそれを点検し、校訂したのではないかという見方も可能である。本解題筆者（引用者補：久保田淳のこと）と共にこの本の調査に当った藤本孝一氏はそのように考えておられる。この問題については今後の研究に俟ちたいが、もしもそのような方式で書写されたとしても、定家が全体にわたって点検し、自身手を下して校訂しているからには、この本を定家自筆本と呼ぶことは誤りではないであろう」（「解題」十六〜十七頁）と述べている。右には、「綿密な指示の下に書写」という言説がみられるが、定家が書写にあたって、他の人にそうした指示をしたという具体的な指摘はこれまでなされていないのではないか。そうであれば、定家が「綿密な指示」をしていたというのは（定家をカノン化した上での）いわば「想像」ということになる。「点検」

や「校訂」も同様ではないだろうか。

右でもふれたように、一九九〇年代になると、これまで定家が書いたと思われていたテキストの幾つかに関して、定家が書いたのではなく、（いわゆるといっておくが）「定家の右筆」が書いたという指摘がなされるようになった。定家が「右筆」をかかえていたということが具体的にわかっているわけではないので、この「右筆」という表現も適切かどうか。あるいは「定家監督書写本」という表現が採られることもある。稿者は日本語学講座第二巻『二つのテキスト（上）明治期以前の文献』（二〇一一年、清文堂）において用語の整理を試みた。そこでは次のように考えた。①〜④の総称を「定家本」と呼ぶ。

①藤原定家自筆本……定家の著作物を定家が書いたテキスト
②藤原定家筆本……定家以外の人物の著作物を定家が書いたテキスト
③藤原定家手沢本……定家が「手沢」していた定家以外の人物が書いたテキスト
④藤原定家監督書写本……冒頭数葉のみが定家筆であるテキスト
⑤擬定家本……⑥⑦の総称
⑥擬藤原定家筆本……①あるいは②に擬したテキスト
⑦擬藤原定家監督書写本……④に擬したテキスト

④にあたると思われるテキストとして、冷泉家時雨亭文庫蔵『江師集』、同『六条修理大夫集』があげられる。この二つのテキストは「外題＋本文冒頭の数葉＋訂正書き入れ」が藤原定家筆と目されている。それらが藤原定家筆でなく、藤原定家筆を擬したものであった場合には、⑦ということになる。

⑦が存在することは、自身あるいは自身の家のために、古典文学作品の写本を製作するという場合を想定すれば十分に考えられる。冷泉家時雨亭文庫に蔵されている『拾遺愚草』の場合、ずっと定家自筆本と思われてきたのであり、そういわれるだけ、定家の筆致に酷似していることになる。稿者は、そうしたテキストを「藤原定家監督書写本」と

呼ぶことは適切ではないと考える。なぜなら、もしも定家筆に酷似した筆致で、定家ではない人物が全巻を書いたテキストがあるのだとすれば、そうしなければならない理由が必要になる。その理由は、「自身あるいは自身の家のために、古典文学作品の写本を製作する」ということとは重ならない。自身あるいは自身の家のために、古典文学作品の写本を製作するのであれば、もとになったテキストが精確に書写されていればよいのであって、その筆致が定家の筆致である必要はない。全巻が定家筆に酷似した筆致で（しかも定家以外の人物によって）書かれているとすれば、それは「定家筆」であることが重要だということになる。藤原定家がカノン化していることを考え併せれば、藤原定家をカノンとする「文字社会」においては、「定家筆」ということは重要であろう。そういう世界の「心性」によって、「定家様」もうまれたと推測する。しかし、定家自らが「監督」して自らの筆致に酷似したテキストを製作する必要があるのだろうか。それは定家自身が定家をカノンとする「文字社会」の中心にいたことを意味することにならないだろうか。カノン化は、定家から「離れた」ところから始まるのではないか。自らが自らの筆致に酷似したテキストをどのような理由によって作製するのだろうか。そのようなことが（仮説にしても）提示されないままに、議論が進行しているようにみえる。

また、例えば冷泉家時雨亭文庫蔵『拾遺愚草』が、定家自筆か否かということとは別に、定家自筆でなかった場合に、それを「定家監督書写本」と呼ぶことは（先に述べたように）ふさわしくないと考える。それは異なるものを同じ名前で呼ぶということであって、こうしたことによって、論点が著しく曖昧になる。

［**註2**］ 楢田良照「定家本『更級日記』における漢字の用法について」（『佐賀大国文』第十一号、一九八三年）は定家筆『更級日記』を分析対象として、「そこに定家の書写方針を探るべきこと、『更級日記』のためにも国語史のためにも、緊要の課題であるといえよう」と述べるが、依拠テキストがわかっていない定家筆『更級日記』を分析対象とした場合、確実にいえることはきわめて少ないことが推測されるにもかかわらず、「そこに定家の書写方針をさぐるべき」とみるのはどのような理由に基づくのであろうか。稿者には疑問である。楢田良照（一九八三）は、関戸家本『三宝絵巻詞』、梅沢本『古本説話集』など、幾つかの「平仮名文」と定家筆『更級日記』とを対照して、「定家本『更級日記』では、散文で多用される語についてはそこでの傾向に従って、仮名書きし、あるいは漢字を用い、韻文で用いることの多い

語については漢字表記することを専らとした」と述べる。この言説のいわんとするところが稿者にはつかみにくい。その一方で、「字種も多く、漢字表記率も高い定家本『更級日記』の漢字は個性的である。定家が依拠した本文が個性的であったのであろうか。つまるところ、先学諸氏が明らかにしたような、仮名遣い、文字遣いが定家書写本の本文に図られているのであるならば、漢字の使用法においても、そこに定家の姿を見ることはできないであろうか、というのが本稿における予想である」と述べている。これは結論なのであろうか。結局は依拠テキストがどのように書かれていたかがわからない限り、定家筆本『更級日記』がどのように書かれているか、依拠テキストをどのように写したか、はわからない。右の引用中の傍点は稿者が施したものであるが、「定家本」という表現を使う一方で「定家書写本」も使う。論文の冒頭ちかくには、「藤原定家自筆の『更級日記』」ともある。これらは区別なく使われていると覚しいが、論点を曖昧にしているのではないか。

［註3］　例えば、『土左日記』の冒頭、十二月二十一日の条に「かれこれ、知る知らぬ、送りす」（二頁）という箇所がある。この「オクリス」に含まれる動詞「オクル（送）」は「古典かなづかい」で「おくる」と書く。青谿書屋本には「おくりす」とあるが、定家筆本には「をくりす」とある。観智院本『類聚名義抄』においては、「送」字（仏上三十三丁表一行目）に和訓「オクル」が配置され、それに「上上×」と声点が施されている。他にも「遺」字（仏上三十一丁裏五行目）など幾つかの漢字に「オクル」という和訓が配置されているが、「オ」の声点はいずれも上声である。大野晋（一九五〇）の主張は、定家は、高いアクセント（上声）には「を」、低いアクセント（平声）には「お」をあてているというものであり、ここはそれによって、定家が「をくりす」と、いわば書き方を変えた理由が説明できる。一方、二月十三日の条「十三日なほやまさきに」（八十四頁）は、青谿書屋本にこのように書かれているが、定家筆本には「十三日なほ山さきに」とある。丸括弧内には、池田亀鑑（一九四一）第三部附載の「原本再建のための土左日記諸本校異」のページ数を入れた。「ナホ」は観智院本『類聚名義抄』において、「尚」字（僧下五十二丁表二行目）に配置された和訓として見出すことができるが、そこには「ナヲ（平上）」と片仮名で書かれ、声点が施されている。高いアクセントには「を」をあてるという「やりかた」が語頭のみならず、語中にも及んでいるとみれば、定家はこの語を「なを」と書くことになる。しかし、この箇所ではいわば依拠テキスト＝貫之自筆本通りに「なほ」と書いていることになる。清水義秋「定

家の用字と注釈意識—漢字の場合」（『相模工業大学紀要』第七巻第一号、一九七三）には「定家本本文92頁の書写状況を頁毎に表示した」「表Ⅰ」が載せられている。その表の「注」によれば、「仮名遣欄の●印は定家流仮名遣に改変したもの（55）」で「○印は改変すべきもの（23）」との由であるが、八十四頁の「仮名遣欄」には「●○」とある。●は十一日の条末尾の「あをやきのかけのいと／しておる」の「オル（織）」を定家筆本が「をる」としていることに対応し、○は「なほ」を定家本がそのまま「なほ」としていることに対応していると推測できる。つまり、「改変すべきもの」を改変しなかったというのが清水義秋の「解釈／みかた」であることになる。当該論文は副題にあるように定家筆本『土左日記』の漢字使用について分析、考察したものである。論文の「結び」の（10）には「土左日記の本文状況が、用字・仮名遣等で、他の写本と著しく異なる面があるのは、単に年齢的・肉体的条件のみならず、加ふるに二日間の外部的・物理的な書写条件の相違に基づくものと見られる」とある。この言説からすれば、定家が「改変すべき」かなづかいを改変しなかったのは、例えば「書写の疲れ」に起因するとみていると覚しい。定家筆本には「昨今二ケ日／終功」とあり、文暦二年五月十三日と十四日の二日間で、貫之自筆本の書写を終えていると思われる。清水義秋（一九七三）は「無意識的な過誤に基づく異文の中で、注意力の減退と大きく関はるのは、やはり脱字の現象であらう。無論、視力の減退や疲労、外部的な条件等も相乗的に影響し合ふけれども、心理学的には脱字の蓋然性が最も大きいといへる。かうした点から見れば、五一～五五頁の間で、ほぼ連続して九箇所にも及ぶ脱字・脱文（五四頁では、廿八日の一行分を脱し、補入してゐる）を犯してゐることは、明らかにこの辺で注意力の大きな減退や視力の疲労等の状態があったと見るべきであらう。殊に五五頁では、脱字のみ四箇所も犯してゐて、次の五六頁以下とは対照的な断層を示してゐるところを見ると、第一日目の書写は、五五頁で一旦擱筆し、五六頁以下の三七頁分を二日目に回したものと見て、ほぼ差支へはないだらうと思ふ。池田博士は、五五頁の脱字を見落されたために、この頁については言及されてゐないが、二日目の書写を五六頁からとする点では、筆者の見解と一致する」と述べ、やはり五十六頁（一月二十九日の条の「をんなこのふねにましれりけり」から）からが二日目の書写という点で池田亀鑑と同じ判断を示す。矢田勉（二〇一二）は第三編第六章に「資料③」「定家本『土左日記』と青谿書屋本『土左日記』の異同」という表を掲げ、その「異同の出現頻度」折れ線グラフにして同書三二三頁に示し、「資料とグラフからは、以下のようなことが観察される」（三二二頁）

と述べ、「（1）「本文整定」上、有意義と思われる異同の例は少ない。（2）脱字は増減を繰り返している（緊張と弛緩のサイクルが窺われる）。（3）脱字は概ね漸減傾向であるが、脱字の増加箇所近くでやや増加する」と指摘する。その上で、「定家はこの本を二日間で書写しているわけであるが、56頁前後に作業の中断が合《ママ》ったとすれば、その直前の脱字の多さは、初日終了時近くの疲労のためと解釈できる。誤字が漸減傾向であるのは、初めは紀貫之の筆跡に不慣れであったために誤読を多く犯し、やがて読み慣れて行くにつれて漸減したと、合理的に説明できる」（三三二頁）と述べている。慎重な表現を採っているが、五六頁あたりに一日目と二日目との切れ目があることについては認めていると思われる。

［註4］ 矢田勉は「定家の表記再考」（『国語文字史の研究　九』二〇〇六年、和泉書院、後、二〇一二年、汲古書院『国語文字・表記史の研究』再収、引用は後者による）において、定家が「お」と「を」とをどのように使うかということについて、「アクセントを導入する利点」として、「①即応的にどちらを使用するかが確認できる」「②「異体仮名」ではなく、音韻による区別であることをぎりぎりの線で保持できる」（三三二頁）と述べ、その上で、定家がアクセントに依拠したことを「原理的に言っても必然的な帰結であった」（同前）と述べる。「お」「を」を語頭にもつあらゆる語を「振り分ける」ということを目的とした場合、自身の発音によるということはもっとも自然で、首肯できるみかたである。「あらゆる語を振り分ける」という点において、『色葉字類抄』と定家とは共通性があった。

［註5］ 池田亀鑑は「平安時代の前期・中期・後期に亙り、実用的・美術的の両方面の平仮名字体の主なものをあげ」（二三六頁）と述べており、ここにテキストを「実用的／美術的」ととらえる「みかた」が提示されている。この「みかた」は、例えば、安田章が「仮名文字遣序」（一九七一年、『国語国文』第四十巻第二号、後二〇〇九年、清文堂『仮名文字遣と国語史研究』再収、引用は後者による）において、「書くことが不可避であったような類の文献、対話に比すべく、要するに既知のことばを文字に表わしただけの、伝達を最大の眼目としたもの」「最低限の文字言語活動」「書きとどめることに、力点がある」（五頁）文献と、「和歌とか物語文とかの、言わば美的表現に関与するところの晴の文献」「平仮名による綴りの美」に気配りをする、「視覚上の美的観点とは無関係であり得なくなった時期」（同前）に書かれた文献とを区別するという「みかた」と重なり合いをもつ。ただし、安田章（一九七二）は「晴の文献」は「実用性乃

至は具体性の欠如ゆえに、当代の表記の実態を把握するには必ずしも役立たない」(同前)と述べている。矢田勉も『国語文字・表記史の研究』(二〇一二年、汲古書院)の第二章「平安・鎌倉時代における平仮名字体の変遷」において、「人間生活にとってより切実な理由によって産み落とされた書記の中にこそ、真に「書く」ことへの苦心・努力の跡が見えてくるであろう。ならば、一貫して生活上の実利に通じた資料を用いて平仮名史を記述することが、一つの方法と認めてよい」(一九一頁)と述べている。右の言説は稿者には、「書く」ことへの苦心・努力の跡」を解明することこそが研究の目的であるという主張のように思われてしまう。しかし「苦心・努力の跡」は相当に抽象的な表現であって、具体的にはどのようなことを明らかにしようとしているかがつかみにくい。矢田勉(二〇一二)は右の言説に続いて、「そこで、本章は以下の資料によって、平安から鎌倉時代までの平仮名史を記述しようとする」(一九二頁)と述べ、分析に使用するテキストをあげ、説明を加えるが、その使用テキストの中に「藤原定家臨模紀貫之自筆土左日記二葉・為家本土左日記・青谿書屋本土左日記」が含まれている。そこには「この資料は本章で掲げた実用的資料による平仮名史記述という方針とは些かずれるものであるが、仮名文学が証本の形で伝写される以前の姿、即ち平仮名が実用と文学書写と二つの世界に完全に分離する以前の状態を示していると見られる希有な資料」(一九三頁)と述べられている。しかし改めていうまでもなく、『土左日記』は文学作品として書写されていったのであり、「生活上の実利に通じた資料」と考えることはできない。また右の言説によって、矢田勉は「実用」と「文学書写」という「二つの世界に完全に分離」して平仮名が使用されていったとみていることがわかる。「二つの世界に完全に分離」とは具体的にどのようなことを指しているかが、右の言説のみからではわからない。しかし一般的に考えても、「実用」の世界と「文学書写」の世界とでは平仮名がまったく異なるシステムとして機能しているとは考えにくい。そう考えるのであれば、平仮名の表記システムには「完全に分離」した二つの独立したシステムがあることになる。おそらくそのようなことを述べているのではないだろうが、いずれにしても、いずれかの機会にもう少し具体的に説明を展開してほしいと思う。稿者は、「書き上がりに気配りをする」つまり「美的な配慮をする」という観点を設定し、それがほとんど目的であるようなテキストとそうしたことにはまったく配慮していないと思われるテキストとを両極として、その間に、さまざまな程度で「書き上がりに気配りをする」テキストがあるという、いささか粗いモデルをひとまずは考えておけばよいと考える。「実用」と「文学書写」といえば、わかりやすいともいえようが、では文学作品が書かれていなければすべて「実用」文書ということになるのだろうか。「文学作品が書かれているかいないか」で分けるのであれば、ある程度排他的な区分ということになる。稿者は先に述べたように、両者がなだらかに連続するモデルを考えているが、それは池田亀鑑（一九四二）のみかたと通う。というよりも、それを承けたモデルというべきであろう。

［註6］当該論文は、「定家の自筆本、およびこれに準ずる資料において、定家は仮名がきの「また」は「未だ」の意に解釈して書写を行なった、と推測される」（二十三頁上段）と述べる。右の文はきわめてわかりにくい。当該論文は、『近代秀歌』のような定家の著作物も、「伊達本古今和歌集」のような「定家筆本」も等しく「定家自筆本」と呼ぶ。それはそれとするが、「定家の自筆本」が定家の著作物を含むとすれば、「解釈して書写を行なった」はどういうことになるか。自身の著作物に関して「書写」という表現を使うならば、自身の著作物を自身が写していることになる。また自身の著作物の書写に際して、「解釈」をしていたことになる。ささいな表現を採りあげているようにみえないことを願うが、こうした表現のいわば「不整」は、結局は論点の不整備の現われであることが少なくない。当該論文全体からすれば、当該論文の主張は「定家は「マタ（又）」という語は漢字で「又」と書き、「マダ（未）」という語は仮名で「また」と書いた」ということであろうと推測する。あるいは「定家は書写に際して、「マタ（又）」と解釈した箇所は（依拠テキストがどう書いてあったとしても）漢字で「又」と書き、「マダ（未）」と解釈した箇所は（依拠テキストがどう書いてあったとしても）仮名で「また」と書いた」という主張である可能性もあるし、これとも異なる主張である可能性もある。右で丸括弧内に入れた表現は稿者が補っているが、当該論文にはそうした含みはない、とも思われるので、「異なる主張である可能性もある」と述べた。定家の著作物以外のテキストを含めた観察においては、依拠テキストがどう書かれていたか、ということを明らかにしないかぎりは、厳密な意味合いで「定家がそうした」とは述べられないのであって、そうした「手続き」なく「定家が」と主張している論は少なくないように思われる。また、小笠原一は「書きわけ」という用語を使う。「書きわけ」と表現する以上、「同じもの」があることが前提になるが、それは仮名書きされた「また」ということになる。つまり、仮名で書けば「マタ（又）」も「マダ（未）」も（濁点を使わないので）同じ「また」というかたちになる。その「また」が「マタ（又）」を書いたものであるのか、「マダ（未）」

を書いたものであるのかは通常は「文脈」によって判断できる。そうであるから、濁音音節をそれほど積極的に表示しなくてもよい。貫之自筆本『土左日記』を室町期に書写した三条西実隆筆本に連なる三條西家本を見ると、和語にもかなりな程度漢字をあてている。貫之自筆本が仮名勝ちに書かれていたことを起点にすると「平仮名漢字（少数）交じり」→「平仮名漢字交じり」→「漢字平仮名交じり」という表記体の推移が推測される。このいずれかの段階で、和語「マタ（又）」に漢字をあてることがいわば始まったと覚しい。和語に漢字をあてるという「流れ」の中で「マタ（又）」に漢字をあて、「マダ」には漢字をあてなかったということによって、結果として「マタ＝又」「マダ＝また」と書いていることを、意図的な「書きわけ」と呼ぶことができるかどうか。そしてそれは「定家が」実行したことだという主張までするのであれば、同時代に、定家以外の人物は「マタ（又）」に漢字をあてていないという証明が（最低限）必要ではないかと考えるが、当該論文にはそうした「手続き」はみられない。

［註7］ 鈴木真喜男は「藤原定家の自筆本、および、これに準ずる資料では、チのかなとして、「ち」「地」の二字がもちいられているが、このうち「地」は、いわゆる濁音の音節「ヂ」に対応して、専用されている」ことを指摘した。そして、「雲地」「浪地」「山地」「夢地」「別地」のような「漢字としての用法」を基本とし、「ざれがき的」な仮名としての「こし地」「あつま地」「いへ地」「かよひ地」「こひ地」「やま地」のような用法を生じさせるにいたり、さらに「地」文字の表音性を利用した」「あ地きなや」「う地」「か地とり」「もみ地」というような用法も「たま〳〵派生するにいたった」と述べる。

第2章
安田章「吉利支丹仮字遣」

吉利支丹仮字遣

安田章

中世末期頃の表記、その中の仮名遣について論う時、湯沢幸吉郎博士の、

抄物の仮名遣は雑然として帰一する所なく、或はいわゆる歴史的なるが如くで、しかも全然歴史的なることなく、或は発音的なるが如くで、しかも終始発音的なることなく、これ等が相混じて一定の主
拠ったものでない。（『室町時代言語の研究』二九頁

という抄物についての発言がある。個々の文献については
あろうが、要するに、中世一般には、「bの強いのはあ
がaに徹することはむつかしい」として、著者の自筆本で
本でも

a　実際の発音に近く書かれているもの

b　因襲的要素がつよく加わっているもの

の二つの極を考えて、このabの要素がどの程度に交じっているかの種々の姿の本がある①ということに外ならない。このことは、近世に入って、「乱雑無法則」としながらも、「無法の中の法」を
出そうとされた佐藤鶴吉氏の近松の仮名遣②にも続くのであろう
「無法の中の法」を「乱れ方の凡例」として、或る程度括る
とが可能であり、一々の事例について、先のabの何れかに帰属させる方向にあるべく、その要素の選別およびその背景の究明必要となって来るのは、言うまでもない。ab何れかの規準か
ら見れば、「無法」には違いないけれども、そこに不完全なが
も一往の枠組みがあるとすれば、その内部だけに止まる独立事象
であるか否かについての検討が次に要しようが、それはそれで一
個人の内部での文字乃至表記の「社会」を形づくることになるであろう。しかしながら、それが「全体」とどのように関係するか
いう検討は先が見えているとも言えよう。近世においては一規範の及ぶ範囲は限られたものであって、仮名遣に無関心に書かれた方が多いのも事実であろうからである。とすれば、当面の中世末期については思い半ばに過ぎるものがあろう。即ち、

○この助辞（引用者註、助詞「は」「ば」のこと）は、日本の記法として特殊な漢字があ

安田章「吉利支丹仮字遣」は昭和四十八（一九七三）年九月に刊行された『国語国文』第四十二巻第九号に発表され、安田章没後に『仮名文字遣と国語史研究』（二〇〇九年、清文堂）に収められた。「吉利支丹仮字遣」にふかくかかわる論文として、「仮名資料序」（『論究日本文学』第二十九号、一九六七年）、「仮名文字遣序」（『国語国文』第四十巻第二号、一九七一年）、「仮名資料」（『国語国文』第四十一巻第三号、一九七二年）があるが、これらもすべて『仮名文字遣と国語史研究』に収められている。以下、本書における、これらの論文の引用はすべてこの『仮名文字遣と国語史研究』に依る。

「吉利支丹仮字遣」（以下、単に「本論文」と呼ぶことがある）は冒頭に湯沢幸吉郎『室町時代言語の研究』（一九二九年、大岡山書店）の第五章「抄物の仮名遣と発音」を引用する。本論文の引用よりも少し長くあげる。引用にあたって、漢字字体は保存していない。

> 抄物の仮名遣は雑然として帰一する所なく、或はいわゆる歴史的なるが如くで、しかも全然歴史的なることなく、或は発音的なるが如くで、しかも終始発音的なることなく、これ等が相混じて一定の主義方針に據つたものでない。さればこの仮名によつて、当時の発音を考えるに当つては、歴史的仮名遣の如き不便はないが、また全然発音的なもの丶如き便はない。（二十九頁）

これから先の行論にかかわることがらについて、右の湯沢幸吉郎の言説をてがかりにして整理しておきたい。まず右には抄物のかなづかい全体を観察すると「一定の主義方針に據つ」ていない、と述べられている。この「一定」ということとかかわって、そもそも「かなづかい」が体系をなすか、という問いがまずあると稿者は考える。Aという語をこのように書く場合には、Bという語は必ずこのように書き、Cという語はかならずこのように書く、ということが（語ごとに、あるいは語ごとではないにしても、何らかの「きまり」に基づいて）定まっている、というのが稿者のいう体系的な「かなづかい」であるが、そういうものがはたしてあるのだろうか。

例えば、第一章で扱ったいわゆる「定家かなづかい」は、体系的な「かなづかい」であるかのように理解されているようにも思われるが、そうしたものとして理解してよいのだろうか。当該時期に行なわれていた書き方に、語頭の「オ」に関してのみ、アクセントによって「お」「を」をあてるという「やり方」をいわば「乗せた」ものということはないのだろうか。

右の「歴史的仮名遣」は稿者のいうところの「古典かなづかい」にほぼ重なると思われるが、両者は全同の概念ではない。稿者はいわゆる「歴史的仮名遣」は（いわば仮説された）概念であるととらえている。稿者の「古典かなづかい」は（具体的な事実ではなく）ある時間幅をもって設定されている時期の書き方を指す。したがって、それは、実は「かなづかい」と呼ぶことができないものであるが、この時期の書き方に呼び名が必要であるために、「古典かなづかい」という呼び名をいわば便宜的に使っている。定義は明白であると考えるが、現存する文献を対象とした場合、一つの例外もなく「古典かなづかい」で記されている文献はむしろ少ないと推測する。それはもちろん、現存する文献が、日本語の音韻変化が起こり始めてから書かれているものが圧倒的に多いということであるが、「かつての書き方」のいわば代表といってよい「古典かなづかい」も、それが内包していた「表音的に書く」という原理によって、自身がつねに揺さぶられている、と考える。つまり「かなづかい」にかかわる要素は二つあって、一つは（「今、ここ」に起点をもつ）「表音的な書き方」で、もう一つは（「今、ここ」ではない過去を基準とする）「かつてどう書かれていたか＝慣習的な書き方」である。第一章でふれた大野晋（一九五〇）が主張する「定家かなづかい」は（「今、ここ」に起点をもつ）「表音的な書き方」と（「今、ここ」ではない過去を基準とする）「かつてどう書かれていたか」とを「折衷」した「かなづかい」のようにとらえられ、述べられることがあるが、稿者は第一章で述べたように、「かつてどう書かれていたか」を「方針」としながら、やむをえず「表音的な書き方」を導入したものが「定家かなづかい」であると考える。そしてその目指すところは、「同じ語は（できるかぎり）同じ書き方をする」ということであったと考える。

「音韻と仮名との間に一対一の対応が成り立ってい」る時期であれば、自身が発音しているように書けばよい。それを原理から説明すれば、「表音的に書く」ということである。昭和六一（一九八六）年に内閣告示された「現代仮名遣い」の「前書き」の1には「この仮名遣いは、語を現代語の音韻に従って書き表すことを原則とし、一方、表記の慣習を尊重して一定の特例を設けるものである」と記されている。「語を現代の音韻に従って書き表す」は言い換えれば「表音的に書く」ということで、自身が発音しているように書くというのが、仮名の使い方においては、もっともわかりやすい書き方であることはいうまでもなく、それは過去から現在まで一貫していると考える。しかしまた、右の「前書き」に「表記の慣習を尊重して」とあるように、「かつてどう書いていたか」「これまでどう書いてきたか」という観点も必要になる。語を書き記すということの根底には、言語を時空を超えて保存するということが（意識されているかいないかは別として）ある。したがって、「書き方における連続性」を確保する必要があることになる。

例えば、現代においても、いわゆる「歴史的仮名遣」に従って語表記をすることはできる。「字音仮名遣」を含めた広義の「歴史的仮名遣」に従って、「イナオリゴウトウ（居直り強盗）」を「ゐなほりがうたう」と書くことはできる。しかし、この語を現在は「イナオリゴートー」と発音するのであって、「ゐなほりがうたう」は極度に非表音的な書き方にみえる。そもそも「ゐ」は現在は通常使われない仮名になっている。過去の日本語についての観察においては、文字化されている「かたち」を考察の起点とすることが一般的であり、「ゐなほりがうたう」という仮名書き語形から現代日本語の音韻のあり方を探るのは難しい。これが湯沢幸吉郎のいうところの「当時の発音を考えるに当つて」の「歴史的仮名遣の如き不便」にあたる。「当時の発音を考えるに当たつて」は、本論文において、安田章が「表記を通して国語史を指向する方向を模索する」（八十二頁）と述べていることと通う［註1］。

この場合、原理的には「かつてどう書いていたか」を保持しているようにみえる。しかし、具体的に考えた場合、「イナオリゴートー」という（混種）語が成立してからでなければ、この語を仮名で「ゐなほりがうたう」と書く可能性がない。英語「river」にあたる日本語をかつて「かは」と書き、それはずっと「かは」と書かれていた、ということとは（原理は等しいとしても）「事情」がまったく異なる。そもそも、「ゴートー」という漢語は漢字によって「強盗」と書くことがほとんどで、漢字に施す振仮名を別にすれば、この漢語が仮名書きされたことが多くはないことは容易に推測できる。原理としての「字音仮名遣」が「がうたう／ガウタウ」という書き方を正則なものとして認めていたとして、しかしそのように書いても「かつてどう書いていたか」を保持したことにはならないと考える。

「かなづかい」ということがらの分析に限らないと思われるが、原理面を充分に吟味することはつねに必要であるが、現実面を顧慮しないで吟味された「原理」は硬直化したものになり、言語のように変化する対象、あるいは均一な総体を設定しにくい対象の場合は、「原理」面からのアプローチの有効性をひくくしてしまうのではないだろうか。「かなづかい」に関していえば、ある文献の「かなづかい」が「歴史的仮名遣」にどの程度合致しているか、という調査が少なからず行なわれてきた。稿者もかつてそのような観点から調査を行なったことがあるので、これは自戒をこめて、ということになるが、仮に「歴史的仮名遣」を認めたとしても、「歴史的仮名遣」というscallをあてることの意味合いを充分に検討しなければ、そうした「方法」そのものは今後意義をもちにくいのではないだろうか。

湯沢幸吉郎は（稿者の表現を使って整理すれば）抄物のかなづかいを「古典かなづかい」に従った書き方と、それには一致しない「表音的な」書き方が「相混じ」たかなづかいととらえ、それゆえ「一定の主義方針に據つたものでない」とみていると覚しい。しかし、《「古典かなづかい」＋「表音的かなづかい」》というかたちの書き方を採っているとみることはできると考える［註2］。またささいなことのようであるが、「主義」は「書き手の主義」を思わせるが、抄物の「書き手」に関して、そうしたいわば意図的、意志的な「主義」がはたして設定できるだろうか。あるいは、もっと具体的に考えて、現存している抄物テキストの中で、講者や筆録者ではなく、当該テキストの具体的な「書き手」ということを話題にできるテキストは必ずしも多くはないのではないか。

一般的な話として、言語現象を説明するための表現、使用する（学術）用語は、説明者の観点を端的に反映する。あるいは反映していると「読み手」が判断する。したがって、充分な吟味を経、説明の表現そのものも練られている必要があると考える。定義が不分明な表現や用語は「読み手」のよみをいわば「曇らせる」。

仮名勝ちに書かれた文献

安田章はロドリゲス『日本（大）文典』の「この助辞（引用者補：助詞「ハ」と「バ」とのこと）は、日本の記法として特殊な漢字があって、それを用ゐて書かれる」（一九五五年、三省堂『日本大文典』五三三頁）をあげ、さらにロドリゲス『日本小文典』の「この文字を用いるのは一般の人びとと女性で、身分のある人が通常の書簡や本来の日本語の書物を書く時は、これに意味を持つ文字［漢字］を交えて書く。これが日本人のあいだで一般に行なわれている通常の書記法で、前にわれわれが日本語の習得にきわめて有効であるからわが会の人たちも読みかたを覚えるべきであると言ったのも、まさにこの混合書記法のことである。個々の音節を表わすもの、つまりこうした文字のことを日本人はCana（仮名）またはFiragana（平仮名）と呼んでいる。」（池上岑夫訳、ロドリゲス『日本語小文典』（上）、一九九三年、岩波文庫、四十七～四十八頁）の記事をあげている。

漢字を「用ゐて書かれる」は「漢字で漢文風に書く」（本論文八十一頁）ことを指していると思われ、漢字を「交えて書く」は、当然「漢文訓読文」系の文章を指していると思われる。このような「文体」の場合は、そもそも「かなづかい」が話題になりにくい。といって、「一般の人びとと女性」とが仮名で文章を綴る場合に、どの程度「規範」があったかといえば、「規範なるものがあり得たとは」（本論文八十二頁）考えにくい。安田章は「専ら平仮名で書くのは特殊な場合であり、その一つを美的表現にかかわる和歌などのそれとすれば」（八十一頁）と述べ、和歌（連歌）にかかわる「文字社会」［**註3**］を「仮名勝ちに書く文字社会」として想定している。

ただし、例えば三条西実隆は「和歌（連歌）にかかわる文字社会」に身を置く人物とみなすことができるが、その日記である『実隆公記』はほとんどが漢字によって記されているのであって、そういう意味合いにおいては、「文字社会」は仮設された概念とみておく必要もある。

改めていうまでもないが、漢字勝ちに書かれた文献においては、「かなづかい」を気遣う必要があまりない。仮名勝ちに書かれた文献においては、ある語を仮名だけでどう書くかということにつねに気を配らなければならない。しかしまた、仮名勝ちに書かれた文献であっても、「い」も「ゐ」も発音は「イ」だ、あるいは「イ」という発音にあてる仮名は「い」でも「ゐ」でもかまわない、というみかたも当然成りたつのであって、そうみなせば、やはり「かなづかい」に気配りをする必要があまりない。したがって、「かなづかい」に気を配っている仮名勝ちに書かれた文献は、ある程度限定されているとみておく必要がある。そうであれば、そうした文献をうみだす「文字社会」にも限定がある、とみておかなければならない。稿者も含めて、であるが、これまで、そうしたことがはっきりと意識されていたかどうか。「かなづかい」はある一定の枠の中でしか話題にできない、といういわば「見極め」も今後は必要になってくる。

とすれば、いわゆるキリシタン版の国字本について考えるにあたっては、それが国内で書かれたどのような文献を視野に入れてつくられたか、どのような国内文献と連続性があるか、ということを考えながら分析する必要があることになる。

どのようなキリシタン用語を使うか

安田章は、「キリシタン資料におけるローマ字刊本が整理乃至は統一を経た上での産物であることは改めて説くまでもない」（八十二頁）と述べた上で、国字刊本に焦点を当てた場合、「次の事実は、ローマ字刊本と或る意味では同種の方向を示すものとして参考になるであろう」（同前）と述べる。「次の事実」とは、一五九一年に出版された前期版『どちりいなきりしたん』（D2）において、「confissan」（告白、告解）が「こんひさん」「こひさん」「こむひさん」、「gloria」（栄光）が「ぐらうりや」「ぐらふりあ」「ぐらうりあ」と、それぞれ三通りの書き方がなされているが、一五九三年に天草で印刷されたと目されている『病者を扶くる心得』（以下、安田章は『病』と略記している。この本は『ばうちずもの授けやう』と呼ばれることがある。「ばうちずも」は「baptismo」＝洗礼）においては、「こんひさん」、「ぐらうりや」・「ぐらふりや」と書かれており、さらに一五九八年に印刷された『サルバトル・ムンヂ』においては「こんひさん」「ぐらうりや」と書かれているということである。（ドチリナキリシタンのD1 D2 D3 D4については本書一五五頁参照）「gloria」によって整理すれば、

一五九一年刊『どちりいなきりしたん』　ぐらうりや・ぐらふりあ・ぐらうりあ
一五九三年刊『ばうちずもの授けやう』　ぐらうりや・ぐらふりや
一五九八年刊『サルバトル・ムンヂ』　ぐらうりや

ということになる。「gloria」に対応する語の発音が（ほぼにしても）一定であるとすれば、その「一定」ということを起点として、「ぐらうりや」「ぐらふりあ」「ぐらうりあ」を表記、すなわち「書き方」の異なりとみることができる。しかし、「ぐらうりや」は「グローリヤ」、「ぐらふりあ」「ぐらうりあ」は「グローリア」に対応するとみた場合、これは「gloria」という外国語をどのような語形で受け止めているか、という、（用）語についての話題ということになり、それは表記＝書き方の話題ではなくなる。したがって、本章においてこれから話題にすることがらは、表記＝書き方

の話題であるとは思うものの、なお慎重に考えを進めたいために、「どのようなキリシタン用語を使うか」という小見出しにした［註4］。

安田章は『どちりいなきりしたん』（D2）においては「未だ語表記統一への意識が十分に存しなかった」（八十三頁）と述べ、「おすちや・をすちや」「お丶れよ・を丶れよ」「いんへるの・ゐんへるの」「きりしたむ・きりしたん」「さからめむと・さからめんと」「のように相異なる形が、極端な場合同じ丁の内部において相接していることすらある」（同前）と述べ、これらが『どちりなきりしたん』（D4）において「統一」されていることを指摘する。さらに、安田章は「キリシタン資料における規範性を背景に、右に見た前期版での不統一、未整理を如何に解釈するかは当然問題になるであろう」（同前）と述べ、高羽五郎の『サントスの御作業翻字篇』の「まへがき」を引く。

本書を一読して感じられる不備不統一は、耶蘇会版中もつとも初期のものであるため言語についての耶蘇会の態度がまだ統一・確立されてゐなかつたといふことのほかに、本書が一時に一人の手で完成されたものでないらしいこと、さらに本書が「ドチリナ・キリシタン」のやうな教義上根本的な出版物でないためさほど綿密な顧慮が払はれてゐないこと、などによつて生じたと思はれ、その不統一・不備な点が言語に対する耶蘇会の態度、ひいては当時の言語状態を明らかにするのに有用な資料であることが予想せられる。

安田章は『どちりいなきりしたん』（D2）に附された「どちりいなの序」に「上下ばん／みんにたやすく此むねを知しめんが為にこ／とばはぞくのみ丶にちかく儀は天命のそこを／きはむる者也」及び『ばうちずもの授けやう』の末尾に置かれた「右の一さつあみあつめて後た丶しあき／らめられすへりようれすの御赦しを／以てはんにひらく者也」を引いて、これらの言説が「単に内容に関わるだけでなく、少くとも「教義上根本的な出版物」たる前期版（引用者補：『どちりいなきりしたん』（D2）のこと）での漢字含有率の低さ、その裏返しとしての仮名表記の占める重みを考慮に入れれば、それの示す事実の位置づけに、高羽氏の後段の予想と応ずるもの」「が加味されてよいと思われる」（八十四頁）と述べる。「高羽氏の後段」は「当時の言語状態を明らかにするのに有用な資料」であるはずで、「当時」はもちろんここで話題にしているキリシタン版が出版された十六世紀末のということで、「言語状態」はあえてパラフレーズすれば、「日本語の言語状態」ということになるだろう。この時点ですでにキリシタン文献のあり方と国内文献のあり方との間に「回路」が想定されていた。それは当然といえば当然ということになるかもしれないが、やはり高羽五郎、安田章の「見通しの良さ」を改めて確認しておきたい。

そうであれば、キリシタン版の国字本について考えるにあたっては、国内文献で、かつ仮名勝ちに書かれた文献をつねに視野に入れておく必要がある。右では「和歌（連歌）世界」が名指しされているが、仮名勝ちに印刷されている古活字版も視野に入れる必要があるのではないだろうか。

片仮名本『サルバトル・ムンヂ』

安田章は、慶長五（一六〇〇）年に出版された『倭漢朗詠集』（スペインのサン・ロレンソ元王宮文庫蔵）の表紙の裏打ちに使われている『サルバトル・ムンヂ』の片仮名本断簡と、平仮名本『サルバトル・ムンヂ』との間に、「表記の規準が異なることが報告されて」（八十四頁）いることにふれた上で、土井忠生の言説を引く。安田章の引用よりも少し長く引用する。

ここで特に注意を要するのは、平安朝以来存した片仮名と平仮名との性格の違ひが、中世末にも消滅し去つてはゐなかつたことである。

アツテ　ありて　　ヲハツテ　をはりて　　ヨツテ　よて　　モツテ　もて

右の如き対立が、前引（引用者補・『サルバトル・ムンヂ』の）平仮名本と片仮名本とに間に見られるやうに、表記の基準が異なることに注目しなければならない。片仮名が発音を忠実に写すために使はれ、平仮名が一般的であるのに対しては特殊性を全く失つてはゐなかつたのである。

（京都大学文学部国語学国文学研究室編『慶長五年耶蘇会板倭漢朗詠集　本文・釈文・解題』、一九六四年、「倭漢朗詠集巻之上　解題」六十九頁）

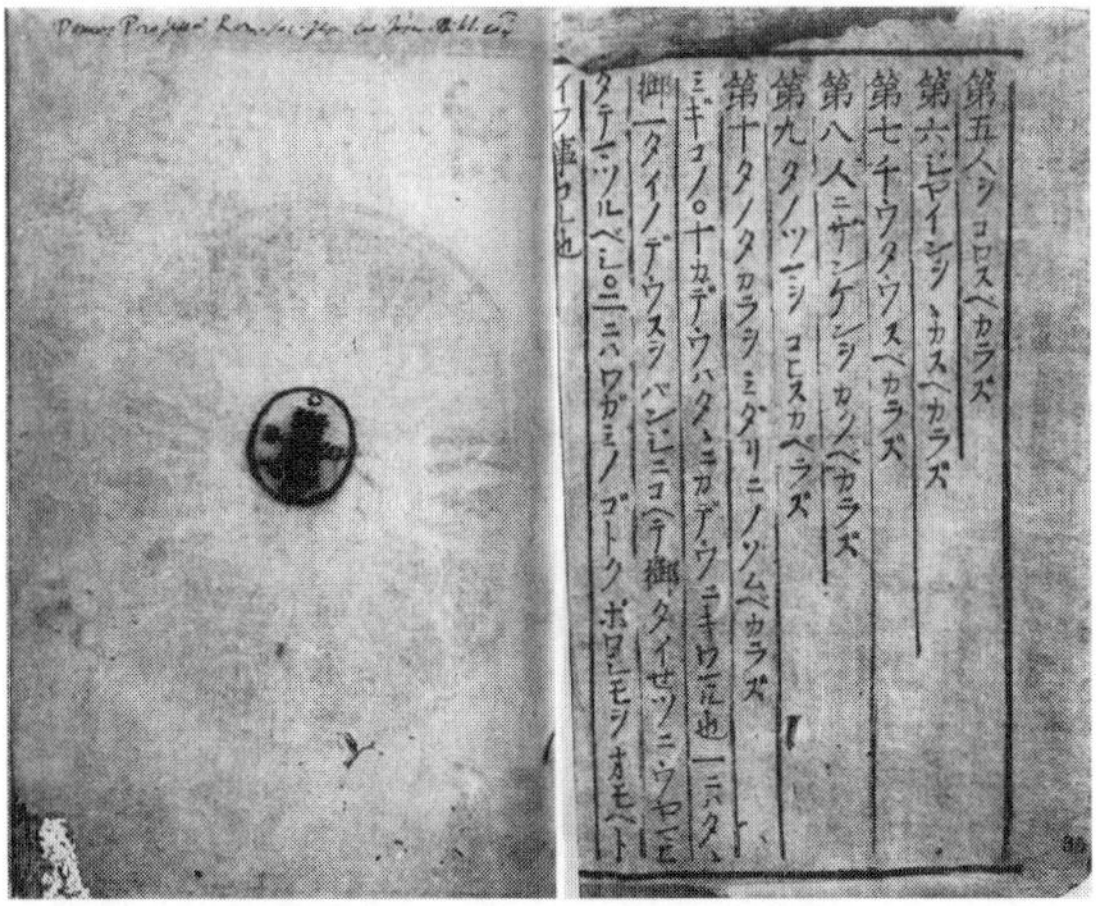

サルバトル・ムンヂ（片仮名本断簡）

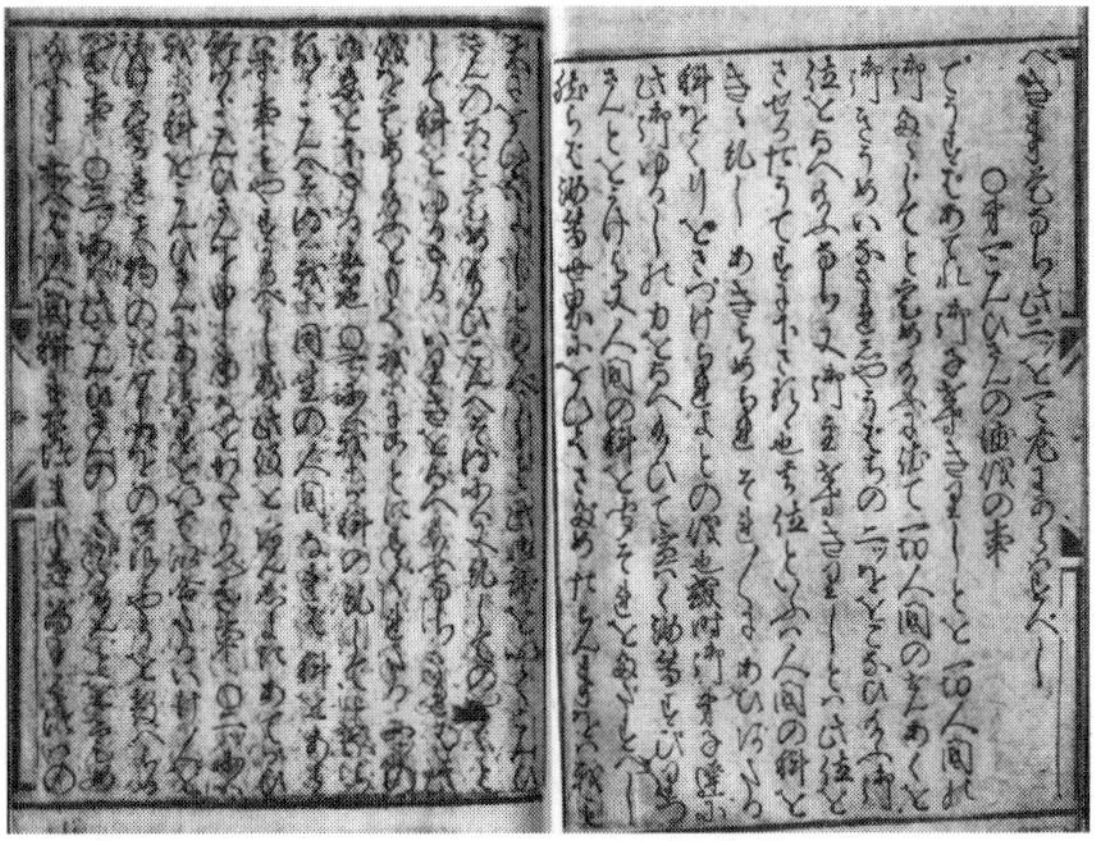

サルバドル・ムンヂ（平仮名本）

右であげられているのは、促音便の例のみであるが、安田章が本論文の注（5）で「念のため一言するならば、もとより土井博士は全てに適用しようとはしておられないのである」と述べているように、土井忠生は「特殊性を全く失つてはゐなかつた」（傍点稿者）と述べており、促音便には、平仮名本と片仮名本との「表記の基準」の異なりが現れているという指摘として理解するのが穏当であると考える。

『慶長五年耶蘇会板倭漢朗詠集　本文・釈文・解題』には、「片仮名本断簡」の書影及び「釈文」が載せられているので、片仮名本の「釈文」をあげ、その隣に平仮名本の対応する箇所を併せて示した。片仮名本の「版心三」には平仮名本の二十二丁表一行から二十二丁裏七行までが対応し、片仮名本の「版心五」には平仮名本の二十三丁裏二行から二十四丁表九行までが対応している。「版心五」の断簡は上部が破損している。行論のために、便宜的に行に番号を附す。

版心三

1アベマリヤ一ペンヅ、エカウイタシ○カクノゴトク申アグ
あべまりや一ぺんづゝゑかう致し如此申上
2ベシ○イカニデウスノ御ハ、ビルゼンサンタマリヤマタワレヲ
べし如何にでうすの御母びるぜんさんたまりや又我を
3シユゴシ玉フアンジヨトワガナノサントニ○申アゲタテ
守護し玉ふあんじよと我が名のさんとに申上奉
4マツル○コンニチテキヨリワレニアタヲイタサ、ルヤウニ
る今日敵より我に仇を致さゞるやうに
5御シユゴヲクハヘタマヘタノミタテマツルト申ベシ○コレ
御守護を加へ給へ頼み奉ると申べし此
6ラノ事オボユル事カナハズハヨム事モシカルベシ○モシ人

等の事をおぼゆる事叶はずはよむ事も然るべし○若人
7アツテコレヨリホカニ○ベツニイタスベキオラシヨアルニ
ありて是より外別に致すべきおらしよあるに
8ヨツテコレヲサシヲキソレヲ申タキトオモハヽ○マツ
よて是をさしをきそれを申度と思はゞ先
9ソノヨシヲコンヒサン申ベキハァテレニアラハスベシ○サレ
其由をこんひさん申べきぱあてれにあらはすべし○され
10バミギデウ〳〵ノギヲツトメヲハツテイゴ○ツネノヒ
ば右条々の儀をつとめをはりて以後つねの日
11ナルニオヒテハ○メン〳〵ノシヨサヲイタスベシ○タヽシド
なるにをひてはめん〳〵の所作を致すべし但しど
12ミンゴイハヒビモチイズシテカナハヌヒナラバ○ヱケレジヤニ
みんごか祝ひ日か用いずして叶はぬ日ならばゑけれじやに
13サンケイシ○ミィサヲハジメヨリヲハリマテフカキウヤ
さんけいしみいさを初めより終まで深き敬
14マヒシンジンヲモツテオガミ○ソノウチニハコンタスノオ
ひ信心を以て拝み其内にはこんたすのお
15ラシヨカマタハクハンネンヲカイタスベシ○オスチヤトカリ
らしよか又はくはんねんかを致すべしおすちやとかり

16スヲオガミタテマツルトキハコレラノオラシヨヲ申ベシ
すを拝み奉る時は此等のおらしよを申べし
17○オスチヤヲオガミタテマツルトキノオラシヨ
おすちやを拝み奉る時のおらしよ
18御アルジゼズキリシトサンタクルスノウヘニヲヒテ○セ
御主ぜずきりしとさんたくるすの上にをひて世
19カイヲタスケ玉フニヨツテ○クギヤウライハイシタテ
界を扶け玉ふによてくぎやうらいはいし奉
20マツル○ワレラガトガヲユルシタマヘタノミタテマツル
る我等が科をゆるし給へ頼み奉る

版心五

21　アタトナル事ナラバモルタルトガ也
して人のあたとなる事ならばもるたる科也
22　ランニアタル事ヲイフベカラザル事○ソノユヘハ
三にはいんらんにあたる事をいふべからざる事其故は
23　キハイヒテノアニマノ事ハイフニヲヨバズ○キ、
かやうの儀はいひ手のあにまの事はいふに及ばず聞
24　ニモアタヲナス事タトヘバ○ドクヤクノ人ノ

手のあにまにも仇をなす事喩へば毒薬の人の

25　ゴトシ

身を破るがごとし

26　キノメシノジブンニ○三ノタシナミアルベキ事

又てうせきのめしの時分に三ツのたしなみあるべき事

27　ヘテヨリムサトシヨクスマジキタメニ○マヅ

一ツぜんをそなへてよりむさと食すまじき為に先

28　ノベンサンノオラシヨヲ申ベシ

如此のべんさんのおらしよを申べし

29　ゼンノオラシヨ

しよくぜんのおらしよ

30　レヒィリヨスピリツサント○三ノペルサウ

でうすぱあてれひいりよすぴりつさんと三ツのぺるさう

31　デウスワレラトコノヲンジキノウヘニベン

な御一体のでうす我等と此おんじきの上にべん

32　玉フヤウニト○タノミタテマツルアメン

さんを唱へ玉ふやうにと頼み奉るあめん

33　ステル一ペン

ぱあてれなうすてる一ぺん

34　シヨヲシラズンバ〇パァテルナウステル一ペン
若此おらしよをしらずんばぱあてるなうすてる一返

35　ニクルスノモンヲトナヘテ〇シヨクスベシコノ
申ぜんの上にくるすのもんを唱へて食すべし此

36　御クリキヲモツテ〇ソノシヨクブツニ
くるすのもんの御功力をもて其食物に

37　ルトイフトモ〇スナワチニゲサルベシ
天狗籠りゐるといふとも即にげさるべし

38　スベカラザル事〇ユヘイカントナレバサン
二酒をすごすべからざる事ゆへいかんとなればさん

39　トクサケニイロゴノミアリ〇カルガユヘニ
ぱうろ宣ふごとく酒に色ごのみあり故に

40　ゴスモノハアニマシキシンニ〇ワザハヒヲナス
是をもちひすごす者はあにま色身にわざはひをなす

7では片仮名本が「コレヨリホカニ〇ベツニ」、平仮名本が「是より外別に」と、12では片仮名本が「ドミンゴイハヒビ」、平仮名本が「どみんごか祝ひ日か」と、15では片仮名本が「クハンネンヲカ」、平仮名本が「くはんねんかを」となっており、「本文」そのものにも小異がある。

また、ローマのカサナテンセ文庫にのみ蔵されている『サルバトル・ムンヂ』の表紙裏打ちにも片仮名の印刷物が使われており、それらが『どちりいなきりしたん』（D2）の「第七でうすの御おきての十のまんだめんとの事」（表表紙裏打ち）及び「第五ざるべれじいなの事」（裏表紙裏打ち）の一部分に対応することが指摘されている。参考のために、この「片仮名本」と『どちりいなきりしたん』（D2）とを対照させたかたちで示しておく。

表表紙裏打ち

41　第五人ヲコロスベカラズ
　第五人をころすべからず
42　第六ジヤインヲ、カスヘカラズ
　第六じやいんをおかすべからず
43　第七チウタウスベカラズ
　第七ちうたうすへからず
44　第八人ニザンゲンヲカクベカラズ
　第八人にざんげんをかくべからず
45　第九タノツマヲコヒスカベラズ
　第九他のつまをこひすべからず
46　第十タノタカラヲミダリニノゾムベカラズ
　第十他の宝をみだりにのぞむべかず
47　ミギコノ〇十カデウハタ、ニカデウニキワマル也一ニハタ、
　右此十ケ条はた丶二ケ条にきはまる也一に／はた丶

48 御一タイノデウスヲバンジニコヘテ御タイセツニウヤマヒ
御一体のでうすを万事にこえて御／大切にうやまひ

49 タテマツルベシ〇二ニハワガミノゴトクポロシモヲオモヘト
奉るべし二には我身の／ごとくほろしもをおもへと

50 イフ事コレ也
云事是也

裏表紙裏打ち

51 〇サルヘレシィナ
第五ざるべれじいなの事

52 アワレミノ御ハ、コウヒニテマシマス御ミニ〇御レイヲナシ
あはれみの御母こうひにて／まします御身に御れいをなし

53 タテマツル〇一メイカンミワレラガヱスペランサニテオハシマス
奉る一命／かんみ我等かゑすへらんさにて御座ます

54 御ミヘ御レイヲナシタテマツル〇ルニントナルエワノコドモ
御／身へ御れいをなし奉るる人となるゑわの／子共

55 御ミヘサケビヲナシタテマツル〇コノナミダノタニ、テウ
御身へさけびをなし奉るこのなみだ／のたに、てう

56 メキナキテ御ミニネガヒヲカケタテマツル〇コレニヨツテ

めきなきて御身にねがひ／をかけ奉る是によて

57　ワレラガ御トリナシテ○アワレミノ御マナコヲ○ワレラニムカ

我等が御とりなして／あはれみの御眼を我等にみむか

58　ワセタマヘ○マタコノルラウノ、チハ○御タイナイノタット

はせ給へ又此／るらうの後は御たいないの貴（き実にて）／

安田章は、『サルバトル・ムンヂ』の平仮名本と片仮名本とにおける「おんじき／ヲンジキ」「をひては／オヒテハ」（於）を採りあげ、「この対立が平仮名・片仮名のそれを意味するものかは、もとより言えない」（八十四頁）と述べている。これらを、「語頭の「オ」音をどのように書くか」と仮に括るとすれば、前者においては、平仮名本「お」、片仮名本「ヲ」、後者においては平仮名本「を」、片仮名本「オ」となっていて、例えば、平仮名本は「お」専用、片仮名本は「ヲ」専用といったような、単純な選択をしていないことが明らかである。語頭の「オ」に関していえば、6「おぼゆる／オボユル」、8「さしをき／サシヲキ」、10「をはりて／ヲハツテ」、18「をひて／ヲヒテ（於）」があって、両本に「対立」がみられない場合もある。

安田章は23「イヒテ・いひ手」、8「サシヲキ・さしをき」、38「ユヘ・ゆへ」、40「ワザハヒ・わざはひ」を採りあげ、「片仮名・平仮名はまず平行していると言ってよい」（八十五頁）と述べる。先にあげた語頭の「オ」にかかわる例以外では、9「アラハス／あらはす」、22・23・37「イフ／いふ」がある。この他に安田章はふれていないが、15「クハンネン／くはんねん」（観念）、19「クギヤウ／くぎやう」（恭敬）のような漢語の例もある。このことには留意しておきたい［註5］。

そして、『サルバトル・ムンヂ』表紙裏打ちの片仮名本断簡と『どちりいなきりしたん』（D2）の対照も視野に入れ、

「一種の片仮名本断簡を均して見ることは問題であるけれども、この限りにおいて、語中のエ音にへ、オ音にオ・ヲを、用いたこと程度は言えるはずであり、片仮名文においても、仮名遣とは必ずしも無関係であり得ないことになると思う。片仮名文であれば、仮名遣に無関心に書かれる傾向のあるのも事実であろうが、キリシタンの片仮名文を一般に言う「片仮名文」と同列に処理し得るかどうか」（八十五頁）と述べる。

右の言説の後段では片仮名を使って書く場合は「かなづかい」が顧慮されない、というような「みかた」を起点とし、そうした片仮名書きと片仮名をもって印刷されているキリシタン文献とが「同列に処理し得るか」という問題提起がなされている。その「片仮名文であれば、仮名遣に無関心に書かれる傾向のあるのも事実」という点について、検討を加えておきたい。

かなづかいと片仮名

拙書『かなづかいの歴史　日本語を書くということ』（二〇一四年、中公新書）の第三章「片仮名で日本語を書く」において、片仮名を使って書かれた幾つかの文献を具体的に採りあげて、その「かなづかい」に検討を加えた。詳しい検討過程については、拙書を参照していただくことにして、ここではその検討結果だけを述べることにする。

まず文書の末尾に「ケンチカンネン十月廿八日／百姓ラ申上」と記されている「阿弖河庄上村百姓文書」と呼ばれることがある文書についてであるが、「全体としてみれば、この文書は表音的に書かれているといってよい」（一〇一頁）というのが稿者の判断である。拙書の三十七頁に次のような「四段階」を示したが、そのA～Dでいえば、「Dにちかい書き方がなされている」（一〇二頁）。建治元年は西暦一二七五年にあたる。

A　古典かなづかいで書かれている

B　少し表音的表記を交じえながら古典かなづかいで書かれている
C　古典かなづかいを交じえながら表音的に書かれている
D　完全に表音的に書かれている

やはり建治元年に書かれたと思われる『名語記』は、「テキスト全体をみわたせば、「古典かなづかい」に合致したかたちが多く」（二〇六頁）、Bと判断した。北条重時（一一九八〜一二六一）が残した家訓、「六波羅殿御家訓」（貞和三・一三四七年写）については拙書において「判定」を示していない。それは、「かなづかい」が意識されていることが確実であるが、B、Cいずれとも判定しにくかったからである。また曼殊院に蔵されている片仮名本『古今和歌集』は、「おおむねは「古典かなづかい」に合致する書き方をしている」（一二二頁）。拙書では「片仮名で書いた場合に、「古典かなづかい」を使用しないということはない」（一二三頁）という表現をしたが、平仮名を使って書かれた文献であっても、Dはきわめて少ないにしても、A、B、Cは存在することが推測され、そう考えれば、片仮名を使った場合に、「かなづかい」に関して、ことさらに平仮名とは異なる「傾向」が現われるということはないのではないか。

平仮名と片仮名とが具体的にどの程度の「平行性」をもっていたか、ということは必ずしも明確になっているわけではない。特に実際の例をもってそうしたことが観察、分析されてきてはいないように思われる。「仮名」という文字種があって、その内部は「平仮名」と「片仮名」とがある、というとらえかた〔註6〕は、原理的にはそうであっても、実際はどうか。先の「片仮名文であれば、仮名遣に無関心に書かれる傾向のあるのも事実」というみかたは、「かなづかい」に関しては「平行性」がない、というみかたである。しかし、平仮名文献を片仮名文献に書き換える、あるいは逆に片仮名文献を平仮名文献に書き換えるということが行なわれるようになった時に、それは「平仮名と片仮名とは交換可能」という認識に基づいて行なわれているはずで、ある時期からは「平行性」があった、とみるのが自然ではないだろうか。

片仮名文献を平仮名文献に書き換えるという具体的なケースとして、拙書、日本語学講座第二巻『二つのテキスト（上）明治期以前の文献』（二〇一一年、清文堂）第五章において、冷泉家時雨亭文庫に蔵されている「承空本」を扱った。「承空本」は永仁二（一二九四）年から嘉元元（一三〇三）年にかけて書写されている。拙書では、御所本の直接の祖本であることがすでに指摘されている「忠岑集」「清正集」「元輔集」を採りあげた。

また「承空本」が冷泉家時雨亭文庫に蔵されている、平仮名漢字交じりで書かれている「資経本」を直接書写したというケースもあることが指摘されており、そうしたケースにあたる（と思われる）「山辺集（赤人集）」「家持卿集」「伊勢集」「実方朝臣集」についても検討した。右はいずれも歌集を書写したテキストであって、そのことをどのように勘案すべきかが今後の課題ともいえよう。

それはそれとして、今ここでは、「片仮名文であれば、仮名遣に無関心に書かれる傾向のあるのも事実」ということまでを否定するのではないが、「仮名遣に無関心」は、書き手のいわば「態度」あるいは書き手が属している「文字社会」における「傾向」とみておきたい。つまり片仮名で書かれていて、「古典かなづかい」に合致しない書き方を多く交えている文献は当然あろうが、それは片仮名を使ったからではなく、そもそも「古典かなづかい」にできるだけ従って書こうとはしていないからだ、と考えたい。そういう意味合いにおいて、平仮名と片仮名とには違いはないと考えておきたい。

前期版（D2）の表記傾向

安田章は前期版である『どちりいなきりしたん』（D2）について、「「胎内」を「たいない」「たいなひ」「たひなひ」と三様に表わしていることで代表されるように、表記上の不統一は否定し難い。一々挙げる煩を厭って、幾つかを示すに止める」（八十七頁）と述べ、「あらはす・あらわす」「そなはり・そなわり」「つゐに・ついに」「こうくはい・こうくはひ」「むかふ・むかう」「ゆへ・ゆえ」「ちゑ・ちへ」「えらび・ゑらび」「をかす・おかす」「おつる・をつる」「をはる・おはり」「もん・もむ」「くはんねん・くはんねむ」「まもる・まぼる」「貴み・貴び」「用うる・もちゆる」を示す。

右には「かなづかい」にかかわる例だけではなく、撥音、語形、活用形にかかわる例が含まれているが、それは右の言説に先立って、大塚光信の「本語小考―キリシタン版翻字への一基礎として―」（『国語国文』第二十三巻第六号、後『抄物きりしたん資料私注』に再収）が引かれ、その言説がそうしたことがらについて述べているからであるが、ここではまず「かなづかい」についてのみ考えることにしたい。

右に挙げられている例を「不統一」（八十七頁）ととらえ、「混用」（同前）とみた場合［**註7**］、「おさむる・おとこ・をの〳〵・をひて・をや・をよぶ」などはこのかたちを「専用」していることを安田章は指摘する。

後期版（D4）のかなづかい

先にふれたように、前期版においては、かなづかいが統一されているようにはみえない。では、後期版である『どちりなきりしたん』（D4）はどうか。

1　さらにえき／ある事なし（益）（四十八丁裏八行目）
　　ぜんごんをいたす事もゑきなしや（四十一丁表四行目）

2　一たびえんをむすびてのちは（縁）（五十丁表四行目）
　　一たびえんをむすびてのち（五十丁表十行目）
　　一たびえんをむすびてより（五十丁裏三行目）

まちりもうによの縁（右振仮名ゑん）を／むすぶ時（五十丁表十六行目）
3 にんげんのうすきちゑにはおよぶところに／あらず（二十一丁裏三行目）
人智にをよぶだうりのうへなる儀なれば（一丁裏七行目）
御くるすにたいし奉りてこゝろのをよぶほど（五丁裏一行目）
人々なんぎにをよぶとき（十五丁表十六行目）
わが身のそんあやうき事に／をよぶとも（三十三丁裏八行目）
ちからのをよぶほどぜんじをすべき事（四十一丁表六行目）
そのむねんをさんぜんがためせつがいにをよぶか（五十一丁表十一行目）

この他に未然形「をよば」十三例、連用形「をよび／をよん」各一例がある。

4 そのゆへはめん〳〵のかゝえ玉ふ所に／をひて（三十四丁表十行目）
われらがとくのためにかゝへ／おさめ（十九丁裏五行目）
いへをかゝへすだつるために（三十二丁裏十六行目）
あにましきたいともにかゝへすだて玉ふ事（四十九丁表三行目）

5 ①のみものくひものを／もちひず（四十七丁表八行目）
②さんたゑけれじやよりもちひ給ふ日には（三十四丁表六行目）
③ゑけれじやよりもちひ給ふ日はいづれぞや（三十四丁表八行目）
④もちひ奉る日をひろめさせ給ふは（三十四丁表十一行目）
⑤かれひいですをもたずくるすをももちゐず（七丁表一行目）
⑥さんたゑけれじやよりもちい給ふおらしよは（十五丁裏十五行目）

⑦われらが御とりなしてともちいおがみ／奉るべし（二十七丁裏十三行目）

「本語＝キリシタン用語」については別に扱うこととする。

5の「モチフ（用）」についていえば、元来はワ行上一段型の活用をする動詞であったが、平安中期以後にはハ行上二段型の活用もするようになり、中世期にはヤ行上二段型の活用もするようになった。

ワ行上一段：もちゐ・もちゐ・もちゐる・もちゐる・もちゐれ・もちゐよ
ハ行上二段：もちひ・もちひ・もちふ　・もちふる・もちふれ・もちひよ
ヤ行上二段：もちい・もちい・もちゆ　・もちゆる・もちゆれ・もちいよ

したがって、未然形に「もちひず」とある例①はハ行上二段活用をする「モチフ」という動詞、未然形に「もちゐず」とある例⑤はワ行上一段活用をする「モチヰル」という動詞でそもそも動詞が異なる、すなわち（かなづかいではなくて）語そのものが異なる、とみることもできる。右では連用形に「もちひ」（②③④）、「もちい」（⑥⑦）がみられるが、これも「もちひ」と書かれているのはハ行上二段活用をする動詞で、「もちい」と書かれているのはヤ行上二段活用をする動詞とみることもできる。仮にそのように考えた場合には、『どちりなきりしたん』にはワ行上一段に活用する「モチヰル」という動詞、ハ行上二段に活用する「モチフ」という動詞、ヤ行上二段に活用する「モチユ」という動詞が使われていたということになる。そしてこれらの動詞に関しては「古典かなづかい」が守られていることになる。
『時代別国語大辞典　室町時代編五』（二〇〇一年、三省堂）は見出し項目「もちふ」について「元来ワ行上一段活用の動詞であるが、平安中期以後、ハ行上二段にも活用するに至り、さらに、中世に入って、ヤ行上二段にも活用するようになった」（四三四頁、傍点稿者）と記している。これはワ行上一段活用をしていた動詞がハ行上二段活用をするようになり、さらにヤ行上二段活用をするようになった、と述べているのではないので、中世には三種類（あるいは二種類）の動詞が併存していると「よむ」のが自然ではないか。『時代別国語大辞典室町時代編五』は「もちふ」の他に「もちゐる」を見出し項目としている。

1は漢語「エキ（益）」の書き方が「えき」「ゑき」二通りあること、2は漢語「エン（縁）」の書き方が「えん」「ゑん」二通りあること、3は動詞「オヨブ（及）」の書き方が「およふ」「をよふ」二通りあること、4は動詞「カカフ（抱）」連用形の書き方に「かゝえ」「かゝへ」二通りあることを示している。3は「お」で書いた例は一例のみで、他は「を」を使って書かれている。5については、右で述べたようなことを考え併せ、ひとまずは別に考えることにする。5を別にすれば、『どちりなきりしたん』（D4）における「かなづかい」の「揺れ」は（あるが）きわめて少ないといえよう。つまりそれだけ、「かなづかい」が統一的であることになる。

今ここでは「かなづかい」を話題にしているので、それにしたがって、「「かなづかい」が統一的」と表現したが、より慎重に表現するのであれば、一つの語の書き方を（できるかぎり）一つに整えている、と表現すべきかもしれない。そうであれば、そうした「いきかた」は第一章で扱った藤原定家の態度とも通うといえよう。藤原定家がそう考えるに至った理由を推測するならば、やはり多くの古典文学作品を書写したということがあろう。そうした書写行為を繰り返していく中で、「一つの語の書き方を（できるかぎり）一つに整える」という態度がうまれたのではないか。一方、キリシタン版の出版（という括りかたをして考えることにするが）という大きな枠組みを設定すると、やはりその枠組みにおいては「一つの語の書き方を（できるかぎり）一つに整える」ということが意義をもつ。一つの文献を写すということから「一つの語の書き方を（できるかぎり）一つに整える」という「発想」がうまれないとまではいえないであろうが、「多くの文献」を書く（あるいは印刷する）ということと結びつきやすい「発想」であることはいえよう。

先の5についていえば、「モチイ」という一つの発音に対して「もちい」「もちゐ」「もちひ」という三つの仮名書き語形が使われているととらえれば、「揺れ」ということになるが、異なる三つの語ととらえれば、異なる語を異なる書き方をしているだけ、ということになる。

一つの語の書き方を（できるかぎり）一つにする、ということは、それがどのような「一つ」であったとしても、「よみやすさ」に資することは疑いない。例えば、『どちりなきりしたん』においては、「ユヱ（故）」という語が七十五回使われているが、この語は一例の例外もなく「ゆへ」と（仮名で）書かれている。「古典かなづかい」は「ゆゑ」であるので、「古典かなづかい」に合致する書き方がなされているかどうか、という観察のしかたをすれば、すべて合致していないことになるが、「古典かなづかい」どおりに書くという志向がなければ、そうした観察は積極的な意義をもたないことはいうまでもない。ここで、まず注目すべきは例外なく「ゆへ」と書かれているということである。「かなづかい」の観察にあたっては、（稿者も含めて）「古典かなづかい」と合致しているかどうか、という「みかた」が採られることが多いが、より注目すべきは、どの程度統一的な書き方がなされているか、ということと、もう一つは（別の観点になるが）どの程度表音的な書き方が採られているか、ということであろう。

本語の書き方

ここで本語の書き方についてみておきたい。安田章は、先に引用したように、『どちりいなきりしたん』（D2）において、「相異なる形が、極端な場合同じ丁の内部において相接していることすらある」（八十三頁）ことを指摘し、その上で、『どちりなきりしたん』（D4）においては「「統一」されている」（同前）と述べる。全体的にはそうみてよいと思われるが、次のように、「揺れ」もみられなくはない。デウスをあらわす合体略字符号は豊島正之編『キリシタン版ぎやどぺかどる本文・索引』（一九八七年、清文堂）にならって、△に置き換えた。以下△は同様に使う。

6
けれどならびにひいですのあるちいごの事（二丁裏六行目）
けれどあるひはひいですのあるちごをしる事也（九丁裏七行目）
けれどならびにひいですのあるちごの事（十七丁表五行目）

7
身もちをよくおさむるためにはかりだあで（九丁裏十六行目）
しつとにむかふかりだあでとて大切の事（四十二丁表五行目）
かりだあでとてばんじにこえて△を御大切に（五十四丁表十三行目）
つとめをこなふべき事とはかりだでといふ／大切の善にあたる事なり（一丁裏十三行目）

8
くはれいずまのぜじゆんの時（三十八丁裏五行目）
くはれずま四きのぜじゆん（三十六丁表十七行目）
くはれずまにはとりのかいこけだものヽちにてつくりたる（三十六丁裏七行目）
くはれずまのほかのぜじゆんはこれらの／しよくぶつ（三十六丁裏八行目）
くはれずま四きのぜじゆんのおりふし（三十八丁表十六行目）

9
こんしいりよとてごしやうのけらくに（五十四丁裏八行目）
これすなはちこんしりよか又は／せかいにをひて（三十一丁裏十一行目）

10
さるべれじいなの事（二丁裏五行目）
あべまりやさるべれじなけれど（九丁表十三行目）
さるべれじなの事（十五丁裏十三行目）
さるべれじなと申おらしよこれ第一也（十五丁裏十六行目）

11 此小経をあみたてなづけてどちりいなきりしたんといふ（二丁表四行目）

此ほかにもなをどちりなにあたる事ありや（五十三丁裏二行目）

12 いん／なうみねぱあちりすゐつひいりいゐつ（七丁表十二行目）

いんなうみねぱあちりすとなふるときは（七丁表十四行目）

いんのみねぱあちりすゐつ／ひいりいゐつ（四十三丁裏七行目）

13 しん〴〵をもてぱあてるなうすてるのおらしよを申（四十一丁裏九行目）

ぱあてるのすてるの事（二丁表十四行目・九丁表十行目）

ぱあてるのすてるあべまりやさるべれじな（九丁表十三行目）

ぱあてるのすてるのおらしよをもてしるべし（九丁裏五行目）

他に「のすてる」が十二例みられる。

14 ぱすくはぜんごに（三十二丁表八行目）

ぱすくはのぜんごに／びすぽの御はつとにまかせ（四十丁表四行目）

ぱすこあなたるなどの大きなるゆはひ日には（三十三丁表六行目）

15 ぷるがたうりよとて（二十三丁裏九行目）

ぷるがたうりよのうへにりんぼとて（二十三丁裏十二行目）

ぷるがたう／りよのにんじゆも（二十五丁裏二行目）

ぷるがたうりよの／あにまのために（二十五丁裏六行目）

ぷるがとりよにゐらるゝ／あにまのためにも（三十六丁表十一行目）

16 まちりもうによのさからめんと也（四十九丁裏十六行目）

まちりもうによのさからめんとをもて（五十丁表六行目）
まちりもうによの／やくそくは（五十丁表十一行目）
まちりもうによの縁（右振仮名ゑん）を／むすぶ時（五十丁表十六行目）
此まちりもう／によのさからめんとをもて（五十一丁裏十一行目）
ふうふのまちりもうによは（五十二丁裏二行目）
まちりもうによのさからめんとも（五十三丁表九行目）
まちりもうによをうけたるつまの存命（右振仮名ぞんめい）の（五十三丁表十一行目）
七にはまちりもによ（四十二丁裏十三行目）

17
一年に一たびゑうかりすちあをうけ奉る／べしとの（四十丁表五行目）
ゑうかりすちあのさからめんとをさづかり奉る人は（四十三丁表三行目）
たつときゑうかりすちやのさからめんと、（十二丁裏一行目）
たつときゑうかりすちやのさからめんとを／さづかり奉るべし（三十二丁表八行目）
他に「ゑうかりすちや」が九例みられる。

6は「altigo」（箇条）、7は「caridade」（愛）、8は「quaresma」（四旬節）、9は「concilio」（公会議・宗教会議）、10は「salue regina」（この語で始まる祈禱文）、11は「doctrina」（教理）、12は「nomine」、13は「pater noster」（主の祈り）、14は「paschoa」（過越祭、復活祭）、15は「prugatorio」（煉獄）、16は「matrimonio」（婚姻）、17は「eucharistia」（聖体の秘蹟）を、それぞれ仮名書きしたものと思われる。

6「あるちいご」が長音形「アルチーゴ」を書いたものでなければ、「あるちいご」と「あるちご」との「差」は母音「イ」

の有無ということになるが、7「かりだあで」は「カリダーデ」という長音形を書いたものを思わせ、そうであれば「かりだで」との「差」は長音形／非長音形ということになる。8の「くはれいずま」「くはれずま」も、前者が長音形、後者が非長音形という可能性がある。

13の場合、「のすてる」という仮名書き語形が多く使用されているが、「なうすてる」が一例みられる。この「なうすてる」は「のすてる」を一方に置くと、「ノーステル」という語形を仮名書きしたものとみるのが自然であろう。そうであれば、その「ノーステル」を一度にしても「なうすてる」と書いたことになる。これは当該時期に、例えば「トモノー（伴）」と発音されていた語を「ともなふ（ともなう）」と書くことと通う。かつて「ともなふ」と書いていた語を、「ものふ」と書くことをもって、その背後に、本来はオ列合長音で発音されるべき語をオ列開長音で発音していたという現象、すなわち「開合の発音の乱れ」がある、とみなすのがいわば「常道」であった。語を仮名のみで「書く」ということの側からこのことをみれば、オ列長音の音価はともかくとして、「トモノー」と発音している語の「ノー」を「の」ではなく「な」から始まる書き方をすることにはなにほどかの「違和感」があったということはないだろうか。その「違和感」がいわばはたらいて、「タモー（給）」と発音している時期においても、あからさまに「たもふ（たもう）」と書くことは躊躇され、案外と「たまふ（たまう）」と書くということがあったと考えることはできよう。

「ノーステル」と発音している語を「なうすてる」と書くということは、稿者には「かなづかい的な書き方」にみえる。表現を変えれば、「ノー」という発音を「のふ／のう」と書かないことがあることを承知していたようにみえる。「本語」が和語と漢語とのどちらにちかく意識されていたか、という問いは問い自体があまり意義をもたないようにも思われるが、「トモノー（伴）」と発音している語を「ともなふ（ともなう）」と書くということからの「類推」であれば、和語からのそれ、「ノウ（ノー）」と発音している「納・悩・嚢・脳」などを「なう」と書くことからの「類推」であれば、漢語（語基）からのそれ、ということになる。『どちりなきりしたん』と同年には『落葉集』が印刷出版されており、当然製作作業は並行して進められていたことが推測される。そうであれば、漢語（語基）の「字音仮名遣」が右のような「本語」の書き方に影響を与えたという推測もできなくはない［註8］。12も「のみね」を一方におけば、「なうみね」という書き方は「かなづかい的」といってよい。

「本語」全体からすれば、書き方が「揺れ」ている例は右にあげたものしかないのであって、そのことからすれば、「本語」全体は統一的に書かれているといってよいと考える。

先に述べたように、安田章は大塚光信の「本語小考―キリシタン版翻字への一基礎として」（一九五四年、『国語国文』第二十三巻第六号、後、『抄物きりしたん資料私注』に再収、以下引用は後者による）にふれている。安田章の引用よりも少し長く引く。

> 日葡辞書補遺 Vsomuqi, qu, uita の項に Escreuese, Vobuqi,qu,uita（ウソブキ・ク・ブイタと書く）という記述がみえる。これを一層はっきり示しているのが、同じ辞書の Catabuqe,ru の項である。すなわち、Vide Catamuqe,ru.Por que ainda que se escreua com B,se pronuncia na pratica com M.（カタムケ、クルを見よ。Bで以て書くけれども談話の中ではMで以て発音する）というのである。勿論これが例外なく規則的に行われていたものでないことは、Mabori,u,otta, Tauabure,uru,eta 等の語が日葡辞書それ自体に登載せられていることによっても容易に推定できる。今『ドチリナ』における関係語を見ると、D_1 D_3では全て「m」、D_4は「b」と、截然とその使用法の上で日葡辞書の記述を裏付けている。ところがD_3では、「B」が圧倒的でありつつも僅かに「M」が交っている。このD_2の「m」「b」混用→D_4のB専用の変化は辞書の記述を考え合すと、必ずしも偶然的とは思われない。またハ・ア行下二段とヤ行下二段との関係を見るに、D_2のハ・ア行混用が、D_4においてはハ行専用になっているのも、他のキリシタン物との比較からいって、当時の言語状態そのものからの改訂ではなく、意識的なものと考えられる（六八四頁）。

大塚光信の言説を少し整理する。大塚光信は、まず『日葡辞書』補遺が「Vsomuqi」という「ウソムキ」と対応していると思われる語形を見出し項目とし、その項目内に「「Vsobuqi」（ウソブキ）と書く」と記していることをあげ、そうしたことを「一層はっきりと示している」見出し項目として「Catabuqe」（カタブケ）をあげる。そこには見出し項目「カタムケ」を見よ、という指示があり、さらに「Bで以て書くけれども談話語の中ではMで以て発音する」とあることを指摘する。次には「ハ・ア行下二段とヤ行下二段との関係」についてふれる。これらは、言語事象としてはいうまでもなく異なる事象であるので、ひとまず分けて考えを進めたい。まずは右でいうところの「m」「b」に関わる事象（以下これを簡略に「mb交替」と呼ぶことにする）について考えていくことにする。

右の『日葡辞書』の記事を虚心坦懐にとらえれば、見出し項目「ウソムキ」と「カタブケ」における記事ということになる。前者は見出し項目は「ウソムキ」であるが、「ウソブキ」と書く、後者には「Bで書くがMで発音する」といういわば注記があり、この二つを「書く時はB、発音はM」とくくることができるところから、と推測するが、「例外なく規則的」という言説がみられる。ただしそれは「マボリ」あるいは「タワブレ」という見出し項目が『日葡辞書』に存在し、かつそこには何の注記もないことから、大塚光信自身によって「例外なく規則的に行われていたものでない」と否定される。しかし、ここには、いったんにしても、右のことがらを、体系的なものとしてとらえようという「心性」があることを窺わせる。それは言い換えれば、（語ごとのことがらとして捉えるのではなく）音韻にかかわることがらとして、事象を一律に捉えようとするということでもある。

そして、次の「『ドチリナ』における関係語を見ると、D1 D3では全て「m」、D4は「b」と、截然とその使用法の上で日葡辞書の記述を裏付けている。ところがD3では、「B」が圧倒的でありつつも僅かに「M」が交っている。このD2の「m」「b」混用→D4のB専用の変化は辞書の記述を考え合すと、必ずしも偶然的とは思われない」という言説に続く。ここでは再び、「m」「b」を混用するD2から「b」を専用するD4というとらえかたをした上で、しかしこれは「当時の言語状態そのものからの改訂ではなく、意識的なものと考えられる」と述べる。少し粗いがわかりやすく言い換えれば、このことがらにかかわる語を、当時どう発音していたか、ということを離れて、D4はすべて「b」すなわち「ぶ（ふ）」で一律に書いたとみていると覚しい。発音がどうであっても「ぶ（ふ）」と書くということを「かなづかい」と呼ぶのがふさわしいかどうか、検討する必要があるが、そうであるとすれば、少なくもこのことについては、書いた形と発音する形とは乖離していたことになる。より具体的に考えれば、このことがらにかかわるあらゆる語がD4出版時に、発音「b」であったのではないのだから、「ぶ（ふ）」という書き方は、発音が「b」になっていた語については発音通り、発音が「m」であった語については、「Bで以て書くけれども談話語の中ではMで以て発音」するという状況であったはずで、発音と書き方という対応からすれば、一律ではない。

安田章は次のように述べている。

前期版の「かなしひ」（58ウ）「かなしみ」（12ウ・76ウ）の混用は確かにB専用になっているが、目録など前期版と対照し得ない個所では総てM専用であり、後期版全体からすれば、混用に他ならない。「たつとみ」（40）は前期版でも「貴み」（54）、「たつとび」も前期版では例外なく「び」であり、要するに、「貴」については、両版間での動きはないのである。「（引）傾く」も『日葡辞書』の記述はあるが、前期版三例の「ぶ」は、後期版で継承するもの一例、他は「む」に改められている。「専用」の場合はとにかくとして、「混用」を論う時、後期版全体を眺める立場もあり得ようが、前期版との対比において見ることも考慮すべく、ハ行下二段表記、バ行音表記への傾斜が認められるにしても、この限りでは全体に通ずる統一的な語表記意識にまでは及ばないのではないか。つまりことば一つ一つの問題であり、ことばの内部に問題を引き戻さなければならないのではないかとさえ思われる。このように述べて来ると、いゐ→いへ　おこる→をこる　をや→おや　ひたい→ひたひ　のような両版において夫々専用であった語の交替についての解釈が残される（八十九頁）。

右で述べられている「カナシビ」「カナシミ」について（複合語も含めて）『どちりなきりしたん』（D4）の状況を確認しておく。

18　○御かなしみのくはんねん五かでうの事　十四（二丁裏二行目）
19　悦び（左振仮名よろこび）とかなしひと／をそれといかりとうの事也（九丁表二行目）
20　御かなしみのくはんねんと／申也（十三丁裏二行目）
21　御かんにん／御かなしみ御よろこびそのほかに（十三丁裏八行目）
22　○かなしみのくはんねん五かでうの事（十四丁表八行目）
23　あるひはかなしむもの、御よろこばせて（十五丁表十六行目）
24　とがをくひかなしむ事これ／こんちりさんとて（四十一丁表十四行目）
25　みだりなるかなしひ／たいくつの事なり（四十二丁表七行目）
26　ふかく悔（右振仮名くひ）ひ悲（右振仮名かなしむ）むを（四十七丁裏十行目）
27　△をそむき奉りたる所をかなしむにきはまるなり（四十七丁裏十三行目）
28　くひかなしむ事もつともとくふかきつとめ也（四十八丁裏十六行目）
29　三にはかなしひある人の心をなだむる事（五十四丁表四行目）

「B」形が三例（19・25・29）、「M」形が九例みられる。「M」形が「優勢」とみることはあるいはできるかもしれないが、全体としていえば、やはりこれは二つの仮名書き語形の「混用」あるいは「併用」とみるのが自然であろう。

「二つの仮名書き語形の「混用」あるいは「併用」」と表現したが、それはまだことがらをつきつめていないともいえよう。つまり使われていた語は一つであるのに、仮名書き語形が二つあるということかどうかということである。「カナシビ／カナシブ」という発音をする語と「カナシミ／カナシム」という発音をする語とがそれぞれ（別々に）あって、前者を「かなしひ／かなしふ」、後者を「かなしみ／かなしむ」と書くということはいわば当然のことであって、このようにみた場合、二つの仮名書き語形の「混用」からわかることは二つの語形が使われていたということである。これは、「ユエ（故）」と発音している語を仮名で「ゆゑ」と書いたり「ゆえ」と書いたりするということとは異なる。なぜならば、今考察している時期のこととしていえば、仮名「ゑ」「え」に対応していたと思われる発音は一つだからである。つまり「ゑ」と「え」とを発音しわけることはできなかった。それに対して、「み」と「ひ」とは対応する発音が「ミ」、「ヒ（ビ）」と異なる。その意味合いで、「仮名では「み」と書くが発音は「ビ」である」ということを「額面通り」に受け止めることはまずは原理的にできない。

「ｍｂ交替」にかかわらない「かなづかい」についても前期版『どちりいなきりしたん』（D2）、後期版『どちりなきりしたん』（D4）の状況を確認しておきたい。安田章は、先に引いたように、前期版で「いゑ」「おこる」「をや」「ひたい」が「専用」され、後期版ではそれぞれ「いへ」「をこる」「おや」「ひたひ」が「専用」されていることを指摘している。その指摘のように、D2では「いゑ」のみが七例、D4では、「いへ（家）」のみが九例みられる。またD2には「おこる」のみが三例、D4には「をこる（起）」のみが五例みられ、D2には「をや（親）」のみが十一例、D4には複合語を除いて、「おや」のみが三十三例みられ、D2には「ひたい（額）」のみが七例、D4には「ひたひ」のみが七例みられる。「ひたひ／ひたい」については、「ひたひ」が「古典かなづかい」、「ひたい」が「非古典かなづかい的」な表音的な書き方とみることができなくはないが、「いゑ／いへ」「をこる／おこる」「をや／おや」はそのようにみることができない。安田章は「『サルバトル』での専用仮名基準の意識は何に基いたものか。あやうし　おさむる　ゆへ　をくる　をひて　をもし　など定家仮名遣と一致する語も多いので、「いゑ」「おさふ」などの例外はあるものの、一往はそれを目指そうとしたと解し得るかも知れない。しかし前期版の専用語にも既に「をの〳〵」「をひて」などとあった事実、逆に、『字集』では「おもし」「をぼふ」と替った事実を見合せると、今のところ、この動きとその方向とは不明と言わざるを得ない」（九十二頁）と述べ、いったんは「定家仮名遣」を視野に入れながら、最終的には慎重な態度を採る。

右では『サルバトル・ムンヂ』が観察対象となっているが、『どちりいなきりしたん』（D4）でも変わらない。D4には「あやうき（危）」のみが四例、「おさめ／おさむる（治）」のみが四例、「ゆへ」のみが七十五例、複合語を除いた「をくる（送）」のみが四例、「をひて」のみが七十八例みられる。「をもし（重）」は語そのものが使われていない。

「オサム（治）」「ユエ（故）」「オクル（送）」「オイテ（於）」は、文禄四年本『仮名文字遣』には次のように載せられている。「アヤウシ」「ユエ」は文禄四年本『仮名文字遣』には載せられていない。この「眺」字は『大漢和辞典』が三六七四四の番号を与えている字であるが、『大漢和辞典』巻十の七四九頁には、『集韻』の記事を引いて「眖に同じ」と記しているだけで、「眖」字（同巻七三六頁）には「たまふ」「たまもの」「あたへる」という字義が記されている。『大漢和辞典』にも積極的な使用が示されていない「眺」（のような）字と文禄四年本『仮名文字遣』は「接点」をもっていたことになる。「眺［ヲクレテ／本定］」は慶長版『仮名文字遣』にはみられない。「をいて」は文明十一年本には「をひて」とある。

あやうし　危（う部）

おさむ　治世　御宇　釐　修理　収納（お部）

をくる　送　贈　遺　眺［ヲクレテ／本定］（を部）

をいて　於（を部）

をもし　［おもみの時はお也／おもきの時は又お歟］重軽重也（を部）

「ユエ」が文禄四年本『仮名文字遣』に載せられていないことからすれば、安田章の「定家仮名遣と一致する語も多い」の「定家仮名遣」は（文禄四年本）『仮名文字遣』に掲出されている「かなづかい」のことを指していないと思われる。参考のためにいえば、稿者が調査した「連歌書のかなづかい」においては、「ゆへ」が支配的にみられる仮名書き語形であった。

安田章はさらに「原田版『こんてむつすむん地』」を採りあげ、そこに「あふぐ・あをぐ　おこなひ・をこなひ　おきて・をきて　おそれ・をそれ　おのれ・をのれ　おもし・をもし　おや・をや　しいて・しひて・しゐて　もよほす・もよをす」とあることを例示し、「「専用」に焦点を合せても、各本内部の問題であり、その一貫性は乏しいとも言うべく、縦のmodoがないということになるであろうし、逆に「混用」を問題にすれば、個々の内部にやはりmodoがなかったということにならないだろうか。勿論、この場合、いわばことばの次元での問題であり、「は」「を」など助詞を核とする文の問題ではないのであるが。このように見て来ると、最初のキリシタン用語の表記の統一という事実、他方ローマ字刊本での規範性の問題に眩惑されて、一般の縦の線に及ぼすに急であったかも知れない。作業の結果は「種々の姿の本」を証明したことにもなったわけだが、しかし、その上において、なおかつ国字本でのmodoを考えてみたいのである」（九十二～九十三頁）と述べる。そして「仮名文字遣」についての検証に移るが、ここでは『こんてむつすむん地』［註9］の状況を確認しておきたい。なぜならば、例えば「オソレ（恐）」という語を仮名で書く場合には「おそれ」と書くか「をそれ」と書くかしかないという点から考えれば、「おそれ」のみで書く本があり、その一方で、「をそれ」のみで書く本があったとしても、それは二つある書き方の可能性のうちのどちらかを選択し、選択したかたちで通した、とみることができる。『仮名文字遣』が「をそれ」という形を載せていれば、「をそれ」と書いた本が『仮名文字遣』的、「おそれ」と書いた本がそうではないということになるが、そういうみかたでいいかどうか。そして、これはこれまでにすでに気づかれていることであるが、『仮名文字遣』も、複数の書き方をあげる場合が少なからずあり、このことについては、幾つかの「解釈」が可能に思われるが、もしも『仮名文字遣』に「規範性」を認めるのであれば、『仮名文字遣』が認め、掲げた、複数の書き方は、単に「そういう書き方も可能だ」ということに留まるのか、それとも、何らかの「裏付け」をもったものなのか。稿者はこれまで、後者の可能性についてはまったく吟味してこなかったが、そうしたことについても、せっかくのこの機会に少し考えておきたい。その意味合いで、議論をまったくの空論にしないために、『こんてむつすむん地』の状況を「具体例」としておさえておきたい。

あふぐ2・あをぐ1

30 ○天にあをぎ／ちにふしうちにむかひほかにむかひても（三十八丁表十六行目）

31 ○なんぢが心を天にあふぎわれにさゝげば（六十一丁裏十一行目）

32 ○しかるあひだてんをあふぎみよ（六十七丁表三行目）

おこなひ4・をこなひ10

33 第十七よききりしたんのをこなひの事（目録一丁裏三行目）

34 たゞ善のおこなひこそ人を△の御ないせうにあはせ奉る／者也（二丁裏一行目）

35 わがおこなひにしたがひてたゞし給ふべき△の御まへに／をひて（二丁表十行目）

36 たゞ善のおこなひあにまをすゞしめ（二丁表十六行目）

37 たゞいかなるをこなひをなしたるぞととひたまふ（四丁表七行目）

38　ちゑとひとしくをこなはれたらば（四丁表十四行目）

39　○なんぢがよき／おこなひにじまむする事なかれ（六丁裏八行目）

40　第十七よききりしたんのをこなひの事（十四丁裏十一行目）

41　よききりしたんのをこなひはもろ〳〵の善事にかゝやき（十四丁裏十二行目）

42　よくしつけ／たるをこなひをかろくさしをく事（十五丁表十行目）

43　しつけたるをこなひをときとしてさし／をく事あれば（十五丁表十四行目）

44　わがまへにをひてまことのみちををこなひ（四十四丁表四行目）

45　かず／〴〵のみいさををこなひ給ふ者也（七十四丁表十七行目）

46　○しかれども此をこなひてと申奉るは（七十五丁表三行目）

おきて3・をきて1

47　御をきてををしへあらはし給ふ人は（四十二丁表十三行目）

48　○ふるき御おきてのしぜつ大のみともひらけず（五十一丁裏五行目）

49　御おきてのみちにわが心をひらき給ひて（五十四丁裏一行目）

50　いはんや御おきてのみなもと（七十二丁表十行目）

おそれ42・をそれ3・恐れ4

51　第二△をおそれ奉らぬ人のがくもんのみもなき事（目録一丁表三行目）

52　第二△ををそれ奉らぬ人のがくもんの実（右振仮名み）もなき事（二丁表三行目）

53 しかれども△のをそれなき／ちゑはなにのゑきぞ（二丁表五行目）
54 御あたへのちぶんを／おそるべし（二丁裏四行目）
55 △をおそれ奉る／人とともにだんかうすべし（七丁表一行目）
56 又ふかく△のおそれをいだき給ひし者也（十七丁表七行目）
57 △をおそれ奉るよりほか（十八丁裏十三行目）
58 なにたるきびしき／事をもおそるゝ事あるべからず（十九丁裏七行目）
59 せかいの事はみなおそれ／きづかひなくしてしんだいする事（二十丁表九行目）
60 しする事をいたくおそるゝ事あるべからず（二十一丁裏十二行目）
61 ○しする事をおそれば（二十二丁表三行目）
62 つねにしすべき／事をおそれつゝしみいまか〱とおもふに（二十二丁裏十三行目）
63 おほくのおそれをものがるべし（二十二丁裏十四行目）
64 しごきたらんときおそれず／かへつてくはんぎあるやうに（二十二丁裏十四行目）
65 いかれるきしよくを／見てさへおそるゝに（二十三丁裏十三行目）
66 いづくを見てもあきれはておそれ／おのゝくべし（二十四丁裏十三行目）
67 いんへるのをもおそるゝ事なし（二十五丁裏八行目）
68 しするとじゆいぞを恐るゝ事ふしぎ／ならず（二十五丁裏十行目）
69 △の御おそれをのちにする／ものは（二十五丁裏十二行目）
70 其のちはわが身の上におそれかなしひと／いふ事（二十六丁表三行目）
71 おもひあやしむおそれの中に（二十六丁表十行目）

72 あるひは／かたき事とおもふおそれ又は（二十六丁裏五行目）
73 すなはち此君汝が恐れ汝が大切／なるべし（二十九丁表十五行目）
74 わづかのしんらうをもおそれ（三十二丁裏十四行目）
75 いつもおそれありてさはぐなり（三十三丁裏十六行目）
76 なを〳〵へりくだり恐れ／つゝしませ（三十六丁表十四行目）
77 御ことばをきく事をもおそるべからず（三十七丁表十五行目）
78 くるすをかたぐる事を何とておそるゝぞ（三十七丁裏四行目）
79 てんまはじゆんもおそるゝ事あるべからず（三十九丁裏八行目）
80 ざいくはほどおそれうとむべき事（四十四丁裏八行目）
81 はかりなき御ないせうを恐れよ（四十四丁裏十四行目）
82 たれをおそるべきや（四十六丁裏三行目・同四行目）
83 おそるゝ事あるべからず（四十六丁裏五行目）
84 おそれたいくつこゝろぐるしき事をはなれて（四十八丁表三行目）
85 △の／まことのおそれとそつこんより（四十九丁表四行目）
86 いんへるのをもおそるゝ事あるべからず（五十丁裏十七行目）
87 人の／きにさかふ事をもおそれざるものは（五十八丁裏三行目）
88 みだり／なる大切とゆへなきおそれよりをこる者也（五十八丁裏五行目）
89 なんぎにあふともおそるゝ事あるべからず（五十九丁表一行目）
90 人のじやすいをおそるゝ事なかれ（六十丁表十五行目）

91 にんげんをなにしにおそるゝぞ（六十丁裏十三行目）

92 たゞ△ををそれ奉れ（六十丁裏十四行目）

93 それをおそれてもとの身にたちかへる也（六十三丁表四行目）

94 人をおそれて／はやくくるしむ事なく（六十三丁裏九行目）

95 人よりいや／しめらるゝ事をおそるゝがゆへに（六十四丁裏十六行目）

96 其身のふんべつをたのまざる者はおそれなく／して（六十五丁表十二行目）

97 もろ〳〵の善人たちもふかくおそれ申／さるゝに（七十一丁裏十五行目）

98 おそれとふかき／うやまひひいですをもて（七十五丁表七行目）

99 たゞをそれうやまひ大切をもて（七十六丁裏八行目）

おのれ1・をのれ1

100 なんぢがねやにてをのれが心を／せめよ（十七丁裏七行目）

101 おのれがふんべつをあまりにたのみすごすもの（七十八丁裏十行目）

おもし2・をもし6

102 おもきつみを／をかすをみるといふとも（二丁裏十二行目）

103 わがこしえん／しやをおもくなしけがすほどの事を（十八丁裏十六行目）

104 いよ〳〵をもくおぼゆべし（三十八丁裏五行目）

105 なをまさりてをもきくるすも／あるべし（三十八丁裏七行目）

106 なををきくるすにしけくあふべし（三十九丁表一行目）
107 しん／らうををもしとおぼえのがれんとするにをひては（四十丁表七行目）
108 たゞをもき事心ぐるしき事をかんにんするにあり（四十一丁表一行目）
109 かるがゆへに／心をもき事をすこしもおぼえざるとて（五十六丁裏十四行目）

おや2・をや2

110 又わが御おやも其人をおもひ給ふべし（二十九丁表三行目）
111 御／おやとともにきたりかれにぢうすべしとのたまふ也（二十九丁表三行目）
112 第一御をやのおぼし／めす事をとげたまはんために（五十一丁表十四行目）
113 いかに御大切の御をやなにと申あぐべきや（五十八丁裏十二行目）

しいて1・しひて1・しゐて1

114 しいてわがぞんぶんにまかせざる事おほきなるちしやなり（四丁裏十四行目）
115 しゐてかゝはる事なかれ（十二丁表二行目）
116 しひて心のくつろぎを／たづぬればなり（四十五丁表十一行目）

もよほす1・もよをす3

117 ○しんぐ〳〵をもよをすしよじやくならば（五丁表十行目）
118 善心にもよをされてわが身をわすれ（三十丁表九行目）

119 なんぢがゑこに／もよほさる、かといふ事を（四十七丁表三行目）
120 すぴりつさんとのがらさに／もよをされ給ひて（七十三丁表五行目）

右は「混用」すなわち複数の「かなづかい」がみられる例であるが、「混用」のあり方がさまざまであることが窺われる。しかし、そうした「混用の諸相」を「その場しのぎの解釈」ではないかたちでよみとくことは案外と難しいのではないか。例えば「アオグ」の場合であれば、『こんてむつすむん地』においては三回しか使われていない語が、二回が「あふぎ」、一回が「あをぎ」と書かれていた場合、どのように考えればよいか。「あふぎ」が「あをぎ」の二倍の頻度で選択されている、とはいいにくいことはいうまでもないが、では「オコナイ」の場合はどうか。十四回使われている「オコナイ」が「おこなひ」のかたちで四回、「をこなひ」のかたちで十回使われている。これを「をこなひ」が「支配的に使われている」というような表現でとらえてよいかどうか。百回以上使われている語であれば、パーセントで頻度を考えることができそうであるが、逆に百回以上使われている語でなければ、分析対象とできないということであれば、右にあげた語によって何かを判断し、何かを発言することができなくなる。観察対象とする言語量が多くなれば、観察結果が安定したものとなり、「傾向」を把握できるというのがコーパスの考え方であろうが、そうであれば、『こんてむつすむん地』のみの観察で発言することはできないことになる。では、『こんてむつすむん地』を含めたキリシタン版全体のデータを使ったらどうか。観察対象となる言語量は増えた。それをもってキリシタン版の「かなづかい（の傾向）」ということもできるかもしれない。しかし、ここまでみてきたように、そのようなくくりかたでは前期版と後期版との違いは論の外、すなわち「論外」になる。あるいは、金属活字で印刷した版と、『こんてむつすむん地』のように木活字で印刷した版との違いも「論外」になる。前期版と後期版との違いをあぶりだそうとするならば、改めていうまでもないが、前期版と後期版とを「合算」することはできない。コーパスが「万能」

と考える人はいないとは思うが、コーパスで可能な分析と、コーパスでは不可能な分析とがあるということは今、この時点ではっきりと認識しておくべきであろう。

また、手で文字を書くのと活字によって印刷するのとでは、さまざまな違いがあることが当然推測されるが、活字が十分に準備されているかどうか、ということがまずはある。活字の準備ということは措くとしても、ほんとうはこう書きたいのに、活字印刷であるために、それができないというケースをことごとく推測することも難しい面があろう。それは印刷の「現場」で起こるあらゆるケースを想定することになる。

右で気になるのは、「オソレ」において漢字「恐」が四回使われていることである。『こんてむつすむん地』が漢字を使わないわけではないが、頻用しているわけではない。四十九例中四十五例が仮名書きされていることからすれば、『こんてむつすむん地』は仮名書きを「デフォルト」としていると思われるが、四回のみなぜ漢字を使ったか。それが使われている箇所を印刷するにあたって、活字「お」も活字「を」もなかった、ということはないのだろうか。

『仮名文字遣』の状況

右の諸語について『仮名文字遣』がどのようなかたちを掲出しているかを示す。所収語数があまり多くない「文明十一年本」と比較的多い「慶長版」とを併せ、さらに稿者の調査した連歌書のかなづかい［註10］をも併せて示すことにする。

	文明十一年本	慶長版本	連歌書
アオグ（仰）	あをく（を部）	あをく　あふく（を部）	ナシ
オコナイ	をこなふ（を部）	をこなひ（ひ部）をこなふ（を部）	ナシ
オキテ	見出し項目ナシ	見出し項目ナシ	ナシ
オソレ	をそれ（を部）おそろし（お部）	おそる［をそれの時は／を也］（お部）をそれ［おそるの時は／お也］（を部）おそろし（お部）	おそろし
オノレ	見出し項目ナシ	見出し項目ナシ	をのれと
オモシ	をもし（を部）	をもし［おもみの時は／お也］（を部）	おもし
オヤ	おやこ（お部）	をやこ［おやの時は／お也］（を部）おやこ（お部）	おや
シイテ	しゐて（ゐ部）	しゐておる（ゐ部）	しゐて

右の諸例に関していえば、連歌書から得られたデータとの重なり合いは少なく、さほど参考にはならないようにみえるが、「オモシ（重）」は気になる。粗くいえば、連歌書に看取される「かなづかい」は（基準を緩く採ると）『仮名文字遣』の掲出している語の「かなづかい」とよく一致する。それは、連歌書を書いた人々が属している「文字社会」が『仮名文字遣』を必要とする「文字社会」とよく重なり合いをもっているためと考える。しかし、少数ではあるが、連歌書の「かなづかい」と『仮名文字遣』の掲出している語の「かなづかい」とが一致しない例が存在する［註11］。こうした例の存在には気づいてはいたが、考察を進める手がかりをもたないまま今日に至った。

稿者はこれまで、右に述べたように、連歌書の「かなづかい」と『仮名文字遣』が掲出している語の「かなづかい」とがおおむね一致するという方向から「状況」を観察してきた。そうした方向からの観察においては、例えば、右でふれた連歌書の「おもし」という書き方は「傾向」に一致しない「例外」ということになる。しかし、そうした「例外」に目をむけると、そこに何らかの理由があるかもしれないという「みかた」を導き出す。以下、このことについて考えてみたい。

「オモシ（重）」という語をどう書くかと考えた場合、語頭の「オ」に仮名「お」をあてるか「を」をあてるかということで、書き方の選択肢（可能性）は二つしかない。したがって、連歌書を書いていた人々は「お」をあてることにしていて、『仮名文字遣』は「を」をあてることにした、ということにすぎないとみることはもちろんできる。問題の所在を明らかにするために、少し粗い整理を試みる。『仮名文字遣』を（必ずしも適切ではない呼称であることを承知の上で）「定家かなづかい」と呼ぶことにする。そうすると、「オモシ（重）」という語は「定家かなづかい」では仮名「を」をあてて「をもし」と書くが、連歌書では「定家かなづかい」ではない「おもし」という書き方がなされていたことになる。そのようにとらえると「二つのかなづかい」が存在していたことになる。

稿者は大山祇神社に奉納された連歌懐紙の「かなづかい」を分析対象として、次のように述べた。

連歌師と『仮名文字遣』との直接的な関わりは確かに認められ、また連歌張行の場に『仮名文字遣』があった可能性も充分にあるが、一方で『仮名文字遣』と一致しないかなづかいも本連歌にみられる。直接的な関係の他に考えるべきは、『仮名文字遣』側の増補及びそれに伴なう、時代の表記への歩み寄りであろう。『仮名文字遣』が語を増補していったことはまず疑いなく、その際にどのようなかたち（＝かなづかい）で語を掲げるかを考えれば、当代行なわれていたかたちが採られることが予想されよう。連歌書及び本連歌のかなづかいと『仮名文字遣』のそれとがきわめてたかい一致をみた理由の一つとして、そうしたことがらを併せ考えるべきと思われる。

（『仮名表記論攷』四三〇～四三一頁）

先に示した例でいえば、文明十一年本においては「あをく」、「おやこ」のみが示されていたが、慶長版では「あを

く あふく」両様のかなづかいが「を部」に示され、「をやこ」が「を部」に「おやこ」が「お部」に示されている。慶長版の「あふく」、「をやこ」はいずれかの時点で『仮名文字遣』テキストに採り込まれたことになる。実際に行なわれている書き方を採り込んだのではなく、原理的に考えられる「別の書き方」を併記した可能性もあり、「もう一つの書き方」がどういう経緯でそこに置かれるに至ったかを明らかにすることは(現時点では)難しい。仮に「実際に行なわれている書き方」を採り込んだのだとすれば、それは『仮名文字遣』=「定家かなづかい」とは異なる書き方が存在していたことになる。

そうした「かなづかい」が存在していたとなれば、それは「定家かなづかい」を使う「文字社会」とは異なる「文字社会」ということにひとまずはなる。しかしまた、異なる「文字社会」で使われていた「かなづかい」が「混用」されるということを考えるのであれば、それはいずれかの「文字社会」が拡大して、いま一つの「文字社会」をとりこむということを考えるか、あるいはそこまでではないにしても、もともとは交渉が稀薄であった複数の「文字社会」に接点がうまれ、接触するようになった結果の「混用」であるか、そういう「混用」のプロセスを想定する必要もでてくる。しかし、「日本語を仮名で書く」という行為そのものは、中世以降を考えるのであれば特殊なことではなく、いわば日本列島上のそこここで行なわれる行為であるとすれば、「接点」「接触」も特別な場面を想定する必要はあまりない、ともいえよう。あるいはまた「定家かなづかい」を使っていた「文字社会」が案外と限定されたものだとすれば、「定家かなづかい」を使っていない「文字社会」(これをたとえば「非定家かなづかい文字社会」と呼ぶとすれば)が「非定家かなづかい文字社会」と「接点」をもち、「接触」するということもむしろ当然のこととみることもできる。

『どちりなきりしたん』の「かなづかい」を観察し、ある語の「かなづかい」が一通りであれば、「統一されている」、それが複数あった場合は「統一されていない=不統一である」とみるのは自然ではあるが、それは「事実の説明」にとどまるということはないだろうか。「統一されていない」のは、統一しそこなったということに尽きるのかどうか。

そもそも、統一する意図はさほどなく、「混用」が許容されていたという可能性はないのだろうか。現代人が「かなづかい」が問題になると考える語のリストを作り、そのリストにあがっている語すべてが一通りの「かなづかい」で書かれていれば、その文献は統一的なかなづかいで書かれているといえることはたしかであるが、そうでなかった場合、ある語については、こう書くのがデフォルトだと思い、ある語については、そうしたデフォルトがないから、Aと書いたりBと書いたりしていた、ということは考えられないことなのだろうか。もしも語ごとのことがらであるとすれば、「かなづかい」は右のような意味合いにおいて「体系的」であるかどうか。先にも少し述べたが、「かなづかい」という事象のとらえかたそのものを考えなおす必要があるかもしれないし、「かなづかい」という事象から看取できることがらも変わってくるかもしれない。

かつて「定家かなづかい」とはこういう「かなづかい」をいう、ということが示された時点では、「文字社会」ということは鮮明でなかったとも思われるし、「かなづかい」の体系性ということはおそらく話題にのぼっていないと思われる。

「定家かなづかい」、『仮名文字遣』が「和歌・連歌世界」と密接なかかわりをもっているとすれば、そして和歌や連歌にかかわる書物の書写や、作品を書くことと密接なかかわりをもっているとすれば、そうした「場面」で使われない語の書き方はいわば「問題にならない」ことになる。室町頃の「文字社会」といっても、限定をしなければ、どのようなものであるか絞りきれないことになるが、「和歌・連歌世界」に「文字社会」を限定しなければ、そうした「世界」においては、これまであまり仮名で書かれたことがない語を仮名で書く必要が生じた場合、そこにいわば「非定家かなづかい」が持ち込まれることになる。そのように考えれば、「かなづかい」が「混用」されるということはむしろあり得る想定となる。

仮名文字遣

現在においては一つの仮名を一つの字体であらわしているが、このようになったのは、明治三十三（一九〇〇）年に小学校で教育する仮名字体を一つに絞ってからのことである。これ以前には、一つの仮名をあらわす字体は複数あった。明治三十三年に決められた一つの字体以外の字体を「変体仮名」と呼ぶことがある。例えば、「ホ」をあらわす仮名として、現在は「ほ」を使う。これは漢字「保」を字源とするものであるが、漢字「本」を字源とする字体も使われる。これを〈本〉と表示しておくが、この場合〈本〉が「変体仮名」ということになる。しかし、明治三十三年以前を考えれば、〈ほ〉も〈本〉もいわば同列に位置していたはずで、〈ほ〉と〈本〉とを同列に置いた呼称が必要になる。その呼称を「異体仮名」としたい。「異体仮名」は「同列」であるからどの字体を使ってもよいことになるが、いろいろな「条件」がはたらいて、使う位置についての「傾向」が発生することがあったと覚しい。ある時点においては、それが意識され、そうしたことにかかわる記述も残されているが、そもそもは仮名によって日本語を書くという経験の蓄積の中から自然に生じた「傾向」であったと推測する。したがって、稿者は「異体仮名の使い分け」という表現には慎重な立場を採る。「使い分け」と表現する以上、それは書き手が意識的に、ということを含意するのであって、書き手が意識的にそのように書いているということを証明することは難しいと考える故である。

先には「使う位置」という表現を採ったが、「使う位置」には「使う箇所」も含まれている。すなわち、「位置」として考えられるのは、一行を単位とした場合の「行頭」「行末」、一丁を単位とした場合の「改丁箇所」であり、語を単位とした場合の「語頭」である。「語頭」は結局は前の語との「切れ続きの表示」（あるいは示唆）とかかわり、また無意識であったとしても、切れ目を表示したいという気持ちは、墨継ぎと連動する可能性はあり、大ぶりな字体、連綿しない字体（連綿しにくい字体）というとらえかたもできよう。そして「使う箇所」ということでいえば、現在までにわかっているのは、「ワ」「バ」と発音する仮名「ハ」に漢字「八」を字源とする〈ハ〉をあてるという「傾向」である。このように、「異体仮名」をどのように使うか、という使い方に何らかの「傾向」が看取される場合を「仮名文字遣（かなもじづかい）」と呼ぶことにする。原理的には、「仮名文字遣」の上位に「かなづかい」があることになるが、かならずしもそうとばかりはいえない。特に発音にかかわる「仮名文字遣」は非表音的な「かなづかい」を補う機能があるともいえ、表音に関しての要求が強い文献においては、「かなづかい」を超えて「仮名文字遣」がみられる場合もある。

まず指摘されたことがら

安田章は「国字本での仮名字体の使い分けを『落葉集』を手掛りに指摘されたのは土井博士であり、更に『字集』について高羽五郎氏の言及がある」（九十三頁）と述べた。土井忠生と高羽五郎の指摘は「はじめに」に掲げた言説である。

土井忠生の言説中の「正誤表の中で訂正したもの」とは『落葉集』の「落葉集」末尾に置かれた「右落葉集之違字」を指す。これは「落葉集」における「正誤表」にあたるもので、例えば「〇六の表・四　電《らい》は雷《らい》也」のように記されている。「落葉集」の六丁表四行目には「電」字があげられ、右振仮名として「らい」、左振仮名として「いかづち」が施されている。この「電」字が「雷」字の誤りであることを「落葉集之違字」は示している。これはいわば単純な「誤植」といえようが、六丁表五行目の「旗」（右振仮名「き」左振仮名「〈ハ〉た」）の左振仮名を「〈者〉た」に、六丁裏七行目の「端」（右振仮名「たん」左振仮名「〈ハ〉し」）の左振仮名「〈ハ〉し」を「〈者〉し」に、換える記事がみられる。〈ハ〉も〈者〉も仮名「ハ」をあらわす異体仮名であるので、仮名として考えれば、「はた」、「はし」を「はた」、「はし」に訂正するということになる。したがって、ここでの指示は仮名のレベルではなく、異体仮名使用のレベルであることが窺われる。つまり右の土井忠生、高羽五郎の言説でわかるように、『落葉集』においては、ワ音に〈ハ〉を使う「傾向」

が看取される。したがって、「〈ハ〉た」「〈ハ〉し」は「ワタ」「ワシ」という発音と結びつきやすい。そのことを避けるために、〈ハ〉を〈者〉に換えた、と推測される。このことは、こうした「仮名文字遣」が、『落葉集』製作者にとっては、ある程度意識的なものであったことを推測させる。ただし、こうした「仮名文字遣」が例外なく徹底して行なわれているわけではない。

稿者は、『落葉集』全体の「仮名文字遣」について、『仮名表記論攷』第二章第二節「中世の仮名文字遣の諸相」（三二八頁）において述べているので、ここではその一部を示す。

ワ　1　助詞「ハ」はすべて〈ハ〉によって書かれている。
　　2　語頭では〈わ〉が支配的に使われ（六十六・七％）、これに〈王〉（十九・六％）、〈ハ〉（十三・五パーセント）が次ぐ。
　　3　語中尾では〈ハ〉がおもに（九十八％）使用される。
ハ　1　語頭では〈者〉がおもに（九十二％）使用される。
　　2　語中尾ではすべて〈者〉によって書かれている。
バ　1　助詞「バ」においては〈ハ〉（五十五％）と〈者〉（四十五％）とが拮抗して使われている。
　　2　語頭では〈者〉がおもに（九十八％）使用される。
　　3　語中尾では〈者〉がおもに（九十五％）使用される。
パ　1　語頭では〈者〉がおもに（九十四％）使用される。
　　2　語中尾では〈者〉がおもに（九十六％）使用される。

右の結果から、拙書では「語頭のワ音に対する場合と」「バ音を含む助詞に対する表記以外とでは、いずれも九〇％以上が一つの仮名字体に集中するという明白な「傾向」がみられ、『落葉集』の仮名文字遣は音韻中心の整然とした組織性を備えているということがわかる。つまり漢字の音訓を峻別し、音引きと訓引きとを別個に組織している『落葉集』においては、いわば「音声中心主義」をその軸の一つとしているとも言え、そうした姿勢が仮名文字遣にも徹底したかたちをとって現われていると思われる」（三二八頁）と述べた。

「吉利支丹仮字遣」は一九七三年に発表されているが、その二十三年後の一九九五年に発表された安田章「正と誤との相関」（『国語と国文学』第七十二巻第十一号一九九五年、後二〇〇五年、三省堂『国語史研究の構想』再収、引用は後者による）において、安田章は次のように述べる。

土井忠生博士も、「規則的に実行せんとしてゐた」と見ていられたが、対象は語頭のハ音にとどまり、語頭以外のハ音、「二階」「北階」の「階」の左訓「きだハし」については、「違字」に掲げられていない。また、ハ音（その濁りとしてのバ音）に配するはずの「者」が、ワ音を表した例、例えば、「威徳」の「徳」の左訓「さいはい」、「大業」の「業」の左訓「しはざ」についても言及しないのである。規則的に実行しようとした意図は認められるにしても、それが徹底しなかったのは、「このやうな特殊用法」を中核としながらも、「当時一般の仮名使用法の習慣」、ハ字に関わる仮名文字遣の広さからの干渉があったからであろう。この、ハ音に関わる音声中心主義からの逸脱を、当代の仮名表記に通じていた日本人が落葉集に編纂に与っていたことに由来すると、私は見る。「違字」に現われた、落葉集に求められた表音主義の、その方針に合致した多くの例と、その周囲に存在する、方針に背馳する例とのトータルから抽出されたものが、当代の仮名表記の実際であったのである。音声中心主義に則して採られた仮名文字遣（ハ音に「者」）は、その部分を切り取ったものでしかなかった。全体と部分という関係において、前節に取り上げたオ段長音の開合の問題に引き付けて言えば、開合ガヨイとか開合ガワルイとか称せられる時期において、望ましい姿としてヨイ形を選り出したのと共通する。いずれも、実際に存在し、虚構ではもとよりないけれども、両者は対蹠的である。即ち、当代の実態との関連で言えば、一方（オ段長音の開合）は昇華され、他方（仮名文字遣）は収束された段階を示すという意味においてである。両者の性格は対蹠的ではあるけれども、それぞれ「越度」の対極に位置されるものとしての規範性を有していたことは事実であった。

このように見て来ると、キリシタンの日本語学について、土井博士の挙げられた特質の第一、規範性は、やはり特質の一たる二元性にも関わっていたことになる。なお、土井博士のいわゆる「二元」は、便宜主義と理想主義との対立を指すのだが、ここでは、規範の全体的な捉え方として、両者の存在を確認すればよいのであった。ただし、ローマ字本・国字本という文献の種類によって、その現われ方を異にすることは言っておこう。ローマ字本であれば理想主義が、国字本なら便宜主義が、先行するのは自然であった。

どのような文献であれ、或る種の規範に準拠する。ましてや、話しことば・書きことばの別なく、文典の記述に背馳するかに見える事象が見出されれば、その「昇華」が指向されて当然ではないか。そして、それの結果だけが、文字・表記の形式で表わされるわけである。ロドリゲスが、『日本小文典』において、

書くことを通してする文字の学習は、語根のことば、語源、真実の発音法、ことばの優美さ・上品さを知る上において、極めて有効な手段であって、全ては文字そのものに含まれているのである（二ウ）

と述べた「文字」は平仮名を指すのであるが、全ては—仮名であれ、ローマ字であれ—文字に還元される以上、その書き様に、然るべき modo が求められて当然であった。ローマ字本の「書き誤り」で、「正」を、斯クヨメとしたのも、この観点から首肯し得る（一五五〜一五六頁）。

『落葉集』についていえば、「濁点半濁点を相当程度使用している」（『仮名表記論攷』三三九頁）ということを考えに入れる必要がある。半濁点はいうまでもないが、当該時期に書かれた文献は濁点もほとんど使用していないことが一般であった。そういう表現がふさわしいかどうかわからないが、『落葉集』は「語の発音に気配りをしている」文献とみることができる。『仮名表記論攷』においては、連歌資料と『落葉集』を対置したが、そういう意味合いにおいては、濁点半濁点を使わない連歌資料と『落葉集』とは、むしろ「仮名文字遣」において、異なっていても当然ということになる。しかしそこには徹底の度合いは異なるものの、類似した「仮名文字遣」が看取された。そしてまた、両者においては、「仮名文字遣が機能している言語基盤がまったく異なる」「にもかかわらず例外的表記に共通性がみられる」（三三五頁）ことは、注目に値すると考える。

安田章は「吉利支丹仮字遣」において次のように述べる。

要するに、「定家仮名遣」が問題にされる類の世界では、先の文字遣は所詮無縁のものであったのであろう。国字刊本が仮名遣の次元で混用があったにも拘らず、或る仮名の文字遣というレベルで整備されていたのである。むしろ逆に「文字遣の次元で」と言い換えるべきかも知れない。とすれば、少くとも初期の段階で、仮名遣の問題は依然として残るけれども、文字遣のレベルで、まず美的な面を犠牲にしつつも、位置によって仮名字体に音の差を背負わせようとしたこと、つまりは、部分的にせよ、機能性を正面に据えた表記を採り上げたことは、評価すべきであろう（九十八頁）。

結語

仮名勝ちに日本語を書くにあたっては、「かなづかい」「仮名文字遣」と「表記体全体の美的表現性」（九十八頁）とを考え併せる必要がある。「表記体全体の美的表現性」をさらに具体的に考えるのは案外と難しく、この表現で安田章がどのようなことをとらえようとしていたか、不分明ではあるが、ごく一般的に、印刷による文字化の場合であれば、「美しい版面」、手による文字化の場合であれば、「美しい紙面」ということになろうか。やはりそこには、「美しい」ということをめぐって、具体性がともないにくい。そして、それは結局、仮名勝ちに日本語を書くということの経験を重ねるうちに、実現されたと考えるのであれば、その「美しい」には「仮名文字遣」が吸収されていると考える。むしろ「美しい」という、具体的にとらえにくい表現を採るよりは、そうしたことを少なくとも現象としてとらえることができる「仮名文字遣」側で捉えるのがよいのではないだろうか。

「これまで書いてきたように書く」ということはまずは「かなづかい」のレベルで実現させることがらであろうが、その「かなづかい」が「古典かなづかい」とは限らない。話題としている文書がどのような「文字社会」で作成されたか、ということとかかわる。そしてまた、「これまで書いてきたように書く」という以外に、「書かれている語の発音がわかりやすいように書く」という書き方もあり得る。この場合は、結果として「これまで書いてきたようには書かない」部分を生じさせる可能性もあるが、といって、「これまで書いてきたようにはまったく書かない」ということにはならないことが推測される。前者は「かなづかい的な書き方」、後者は「表音的な書き方」と粗くまとめることはできなくはない。「表音的な書き方」は書き手が発音するように書くということであるので、書き手が意図せずにそうした書き方がなされる場合もあることが推測される。書き手が「これまで書いてきたように書」こうとしていても、「表音的な書き方」がいわば「ノイズ」のように混入することはある。逆に、「表音的な書き方」を徹底させることも難しい。となれば、「かなづかい的書き方」と「表音的な書き方」をいわば両極として、その間には、どちらの書き方を志向するかという「志向の程度」にしたがって、さまざまな書き方＝表記体が存在するというのが自然なモデルであろう。そこにまた意識、無意識がかかわる。「かなづかい」とは別の次元で、「仮名文字遣」が表記体にはかかわっている。先に述べたように、「仮名文字遣」はまずは、仮名勝ちに書くという経験の蓄積を基盤としていると思われ、そうであれば、機能的というよりは、「美しく書く」ということと結びついていたと思われる。「仮名文字遣」と「かなづかい」とが抵触することはあり、結局は仮名勝ちの表記体にかかわる要素としては、「かなづかい」「仮名文字遣」があり、「表音的表記」がどれだけそれらに混入するかということによって、表記体のあり方が決まるとみたい。

【註】

［註1］ 拙書『仮名表記論攷』についての書評中で、矢田勉は「そもそも書記史が本来研究目的とする所は、人間の「書く」という営為の変遷を跡付けることそのものであって、背景にある言語との関係ばかりを明らかにすべき課題として力説する必要があるのだろうかという疑問を、私としては持たざるを得なかった」（『国語学』第五十五巻第一号、四十一頁）と述べている。拙書『連合関係』（二〇一一年、清文堂）の「あとがき」にも記したが、書評の対象となった『仮名表記論攷』は「人間の「書く」という営為の変遷を跡付けること」を目的としているとは謳っていない。それにもかかわらず、そうなっていないのはおかしい、という言説自体が理解しにくいが、日本語学という枠組みを考え併せれば、（日本語の）表記研究の外側にはやはり日本語が存在しているのが当然と考える。（日本語の）表記研究は「日本語をどう書くか」ということであるはずで、書くための素材としての文字についての分析であっても、日本語をまったく離れて成り立つといえるかどうか、疑問に思う。また、日本語とのむすびつきを重視した表記分析が成り立たないはずもなく、疑問視されたり批判されたりするようなものとは少なくとも稿者には考えられない。一般的な話としていえば、日本語学という枠組みをきちんと意識していない分析、考察が仮にあったとすれば、（当然のことながら）日本語学という枠組みの中で、論議がしにくい。稿者の懸念は、そのような分析、考察が増えてはいないか、というところにむしろある。

［註2］「両弟ハ楚ヘイツテエカヘラス」（『史記抄』巻十一、七十六丁表一行目）、「恥辱ヲアタヘタ」（同前、七十六丁裏九行目）においては、「カエラズ（帰）」「アタエタ（与）」が「古典かなづかい」どおりにそれぞれ片仮名で「カヘラス」「アタヘタ」と書かれている。その一方で、「荊軻ヲハ云ワヌソ」（同前八十二丁表十二行目）においては、「古典かなづかい」であれば「云ハヌソ」と書くであろう「イワヌゾ」を漢字と片仮名とで「云ワヌソ」と書いている。こうした「みかた」をすれば、古活字版『史記抄』は「古典かなづかい」で書かれているのでもなければ、表音的な書き方を貫いているわけでもなく、「雑然として帰一する所」がないとみなすことになる。しかし、どういう「場合」には「古典かなづかい」が使われ、どういう「場合」にはそれが使われていないか、という観点から全体をとらえることはできる。このことについて、安田章は「a　実際の発音に近く書かれているもの」「b　因襲的要素がつよく加わっているもの」という「二つの極」を設定した上で、「「無法の中の法」を「乱れ方の凡例」として、或る程度括ることが可能であり、一々の事例について、先のabの何れかの規準から見れば、「無法」には違いないけれども、そこに不完全ながらも一往の枠組みがあるとすれば、その内部だけに止まる独立事象であるか否かについての検討が次に要しようが、それはそれで一個人の内部での文字乃至表記の「社会」を形づくることになるであろう」（八十一頁）と述べている。

［註3］「文字社会」は池上禎造が「文字論のために」（『国語学』第二十三輯、一九五五年）において提示した概念である。池上禎造は「それより前の時代（引用者補：明治より前の時代）については、小さいサークルに分れて色々の文字社会ともいふべきものがあったと考へたい。例へば堂上家流の歌人の世界だとか、契沖宣長の系列の国学者のサークルとか、中世から近世へかけての連歌師のグループとか、かういったものでまとめて考へられる」と述べている。矢田勉は註1にあげた拙書の書評の中で、この「文字社会」に関して、「更に、「文字社会」ということに関して一つ視野に入れて頂きたかったのは、中世にあって無数の、そして種々のレベルの「文字社会」が併存していたことは勿論のこと、その中にあって、極めて全国的に均質な「文字社会」即ちその用途の内にあっては全国的に一つに統一されていた「文字社会」――それはある意味で今日の「文字社会」のあり方にも近い――が存在していたことである。即ちそれは、網野善彦氏が指摘されるところの、文書の世界における書記のあり方である」と述べている。網野善彦は『日本論の視座』（一九九〇年、小学館）の第五章「日本の文字社会の特質」において、「早くも鎌倉期、平仮名交りの文書を含む

文字社会の均質性が現れてくる」（三四六〜三四七頁）、「口頭で語られる音声の世界を表現する文字としての片仮名がごく少数にとどまり、書きかつ読む文字としての平仮名、さらには漢字によって書かれる文書が、九州から東北まで均質な斉一性をもって普及しているという事実は、文字の普及、このような文書の増加が、基本的には人民相互の交流によってではなく、いわば上からの強力な作用によって推進されたことを示している。そしてその上からの力が、石母《いしも》田《だ》正《しょう》の鋭く指摘したような、日本の社会における文字―漢字の中国からの受容のあり方、さらにその文字を前提として形成された律令《りつりょう》国家の採用した徹底的な文書主義にその淵源を持っていることは、明らかといってよかろう」（三四七頁）と述べている。網野善彦は右で「文字社会の均質性」という表現を使っており、矢田勉も書評中でそれを認めていると覚しい。しかし、「書き手」が誰であるにせよ、「文書」として書かれ、残されているものが、なにほどかの程度で整っていることは当然のことといえよう。そしてそれを「均質」とみるのであれば、それは網野善彦自身が述べているように、「上からの強力な作用」によってもたらされた「均質」とみるべきであろう。稿者の表現でいえば、これは「内容が要求した均質」ということになる。「文字社会」といった場合、それは人が構成するものであって、池上禎造の「文字社会」と網野善彦の「文字社会」とでは概念が明らかに異なる。そしてまた、網野善彦は「均質性」あるいは「均質な斉一性」について、具体的にはまったく述べていない。そうしたものが成立しているという主張であれば、具体的にどのような「均質性」であるのかを述べる必要がある。矢田勉は「そもそも、小〈文字社会〉の乱立と、一方での広く均質的な〈文字社会〉の共存は、古く万葉仮名の時代にも見られる。亀井孝氏が言われるように、万葉仮名の用法には「正用体」「通用体」「俗用体」といわれるような異なる世界があった。奥村悦三氏は、それを受けて更に、「通用体」「俗用体」の世界に於いて、「仮名づかいのこういう多様性は、一人ひとりがそれなりに合理的な表記を用いたが、それが自分なりの表記体系でしかなかったことから生じた」とし、「こういう、共通の仮名字母を使う、《用字圏》とでも呼ぶべき集団が存在した」と述べておられる」と述べ、いわば急に、『万葉集』における漢字使用と結びつけたかたちで言説を展開するが、唐突にみえる。網野善彦が「文字社会の均質性」と表現しているその「均質性」とは「漢字と仮名とを使って（なんとか）日本語を書く」というような括りかたを指しているのだろうか。そうであれば、それは稿者も否定しないが、しかし、具体的な表記体のあり方にふれることなく、「均質性」があったとみなすことにどれだけ積極的な意義があるか、疑問に思う。

［註４］　語の選択と書き方の選択とは峻別しておきたい。例えば、田中雅和「定家の表現における表記と語形の選択」（『国語文字史の研究　十』所収）の論文題名は「表記の選択」「語形の選択」という二つのことがらを話題としているということであろうが、そもそもそうした問題設定が、両者を峻別していないともいえよう。第三章で扱う「準かなづかい」というみかたにもかかわるが、例えば「カナシム」と発音する語と「カナシブ」と発音する語とは、（発音が異なるのだから）語が異なる。語義は等しいとみるのであれば、語義が等しく、発音が異なる語が二語あるということになる。そうみた場合「カナシム」と「カナシブ」とは、限りなく同義語にちかい類義語である。ある文献が「カナシム」という語を使っているか、「カナシブ」という語を使っているか、あるいは両語形を併用しているか、ということは「語の選択」ということがらである。もしもある文献の（書き手ではなく）作り手が「カナシブ」という語を使っていることが（何らかのことによって裏付けられており）確実であった場合、その「カナシブ」と発音する語を仮名で「かなしふ」と書いたり「かなしむ」と書いたりしているのであれば、これは書き方が揺れていることになる。これは「書き方の選択」ということがらである。しかし、通常は、ある文献がどういう語を選択して作られているかという「情報」をキャッチすることはできないので、文献の観察者は、当該文献に「かなしふ」と書かれている箇所もあれば、「かなしむ」と書かれている箇所もあるといういわば「事実」のみに接していることになる。こうした場合、特別な「情報」がない限りは「かなしふ」は「カナシブ」という語を書いた、「かなしむ」は「カナシム」という語を書いた、とみるのが自然であることはいうまでもない。それは単独の仮名「ふ」「む」が発音「フ／ブ」「ム」と対応するからである。亀井孝は「ガ行のかな」（『国語と国文学』第三十三巻第九号、一九五六年、後一九八四年、吉川弘文館『亀井孝論文集３』再収、引用は後者による）において、「《一個の「かな」は、一個の音節を排他的に代表する。》すなはち、これは、日本語における音節とかなとの相互の対応関係の原則であるとみることができる。そこで、この原則を、かりに以下「かなの原則」と略称する」（四頁）と述べている。この用語を使うならば、「かなの原則」が成り立っているとみるからである。したがって、「かなしふ」は「カナシム」という語を書いているとみること、あるいは「カナシム」と発音する語を仮名で書く場合には「かなしふ」と書くことがあるとみるためには、相応の「事情」を説明する必要があると考える。

［註5］ 国内で書かれた文献において、このように、漢語が仮名書きされることは必ずしも多くはないことが推測される。いわゆる「お伽草子」のような文献において漢語が仮名書きされることはあるけれども、キリシタン版の制作にかかわった人々すべてが、そうした文献に馴染みがあったと考えてよいだろうか。ここにあげた例のみで、漢語の仮名書き形が安定していたとはもちろんいえないが、和語のかなづかいが片仮名本、平仮名本で必ずしも一致していないことを考え併せると、やはりこのことには注目しておきたい。一五九八年に出版された、平仮名本『サルバトル・ムンヂ』はキリシタン版の後期国字活字本の最初の印刷物であった。同年に『落葉集』が出版されていることを考え併せれば、『サルバトル・ムンヂ』印刷時には、すでに「字音仮名遣い」については一定の到達にあったことが推測される。そうであれば、それはやはり漢字を見出し項目とし、漢字音を仮名で示すかたちを有する漢和辞書から得た「情報」による到達とみるのがもっとも自然であろう。

［註6］ 築島裕は「平仮名の世界では、変体仮名の併用によって、一音節を多くの文字で表す伝統が長く続いて行ったから、片仮名の字母も、多くの場合はその中に含まれて、後世まで伝承されて来たのだが、一方、片仮名の方では、右に挙げたような平仮名専用の字母は、次第に排除されて行き、原則的には、平安中期を限りとして、片仮名の世界から消滅してしまったと見てよい。ここにも、平仮名と片仮名との本質的相違を見ることが出来る」（一九八一年、中央公論社、日本語の世界5『仮名』二七五頁）、「平安初期に創始された訓点の世界の中では、平仮名・片仮名未分化の状態であったわけだが、その後、平安中期から後期にかけて、両者が分離の方向に進んでからは、片仮名は従来の字母の中で、字体の単純化を進めて行った」（同前）と述べ、平安中期頃までは平仮名と片仮名とが未分化であったというみかたを示す。そうであるとすれば、そもそも平仮名と片仮名とは「対立」していなかったことになり、「かなづかい」に関して、平仮名と片仮名とに「平行性」がない、という主張をするのであれば、そもそも、平仮名と片仮名とが（どのような観点にせよ）「対立」していたことの証明が必要になる。

［註7］ 「チエ（智恵）」という語を「ちゑ」と書き、「ちへ」と書くことを「不統一」あるいは「混用」とみるのが自然といえようが、そうみない「みかた」もある。現象として現代人の眼に「不統一」とみえる事象が原理的にも「不統一」かどうかについては慎重に考える必要がある。すなわち、現象をとらえて、現代人が「不統一」だといわば「騒

ぎたてた」ことがらが、当該時期には「騒ぎ立てるようなことではなかった」ということはないか、ということである。「かなづかい」に関していえば、近時、屋名池誠が「近世通行仮名表記「濫《みだ》れた表記」の冤《えん》を雪《すす》ぐ」（『近世語研究のパースペクティブ—言語文化をどう捉えるか』二〇一一年、笠間書院）において、同語の異なる書き方を許す「多表記性表記システム」が近世にはあった、という主張を提示している。首肯できる「みかた」であると考える。それは先に示した例でいえば「ちゑ」と「ちへ」とは使っている仮名が異なるので、現象的には「異なる」ようにみえるが、「ゑ」も「へ」も、こういう場合には同じ「エ」という発音を表わしているという認識があれば、異なっていないことになる。「こういう場合」は例えば「へ」が語中尾に位置している場合ということになる。「かつて書いていたように書く」ということを考えなければ、「多表記性表記システム」は現実的な表記システムといえよう。「いろは歌」がある以上、「いろは四十七」の仮名は保ち続けられる、あるいは保とうとされ続ける。しかしある時期からは実際には一つの「エ」という発音があるだけである。しかるに仮名は「え」「ゑ」二つあり、語中尾では「エ」と発音する箇所に「へ」を書くこともかつてあった（らしい）。これを「え」も「ゑ」も、そして語中尾の「へ」もすべて発音「エ」に対応するのだと認識する、あるいは発音「エ」に対応する仮名は「え」「ゑ」二つあり、語中尾であれば「へ」を書いてもよい、と認識するのが「多表記性表記システム」である。例えば、いわゆる古本『節用集』においては、易林本につらなるテキストを別にすれば、「いろは」によって「部分け」をしていても、四十七の「部」をたてているわけではない。例えば、正宗文庫本や龍門文庫（天文十九年）本、増刊節用集などにおいては、「ゐ」「お」部をたてずに、「ゑ」部をたてる四十五部、大谷大学本や増刊下学集は「ゐ」「お」「ゑ」をたてない四十四部、というように、「い・ゐ」「お・を」「え・ゑ」を区別しない「いきかた」がみられる。古本『節用集』においては、見出し項目は「漢字列」であると思われ、「い」部といっても、それは漢字列に施されている振仮名の第一番目の仮名ということに過ぎない、ともいえよう。つまり古本『節用集』においては、仮名書き語形が見出し項目になっているわけではない。そこでは語を仮名によってどう書くかということに重きがあるわけではない。したがって、古本『節用集』における部分けは、見出し項目の検索のため、とみることはもちろんできる。しかしそれでもそうした「いきかた」が古本『節用集』が書写された頃にはすでにあったことになる。

［註8］『どちりなきりしたん』や『落葉集』の製作者たちが和語と漢語との区別をしていなかったということを主張しようとしているのではないことを念のために一言添えておく。和語は「古典かなづかい」、漢語（字音語）は「字音仮名遣」と分けてとらえるのがいわば「常道」であることは承知している。しかし、実際は、漢語は漢字で書かれ、仮名で書かれる機会は少なかったことが容易に推測され、「かつて書かれていた形」という観点に立った時には、漢語の仮名書き形を「かつて書かれていた形」として確認することは難しいであろう。そうした意味合いにおいて、「古典かなづかい」と「字音仮名遣」とはさまざまな点において違いがあると考える。しかしまた、『落葉集』を編むためには、単漢字に対して、発音を仮名付けしていく必要があり、それは、「字音仮名遣」という意識がどれほど鮮明であったかは措くとして、漢字に仮名付けをするという「経験」を蓄積させたはずである。そう考えると、（『どちりなきりしたん』や）『落葉集』の製作にかかわった人々は、当該時期の（普通の、と表現しておくが）日本語を母語とする人々よりも、あるいは漢語（漢字）の仮名書き経験を積んでいたということがあるかもしれない。

［註9］『こんてむつすむん地』の表紙下部には「MIACI EX OFFICINA FARADA ANTONII」と記されており、そのことから原田アントニオが出版にかかわっていたことが推測されている。ただし「原田なる人物は未詳」（一九七六年、八木書店、天理図書館善本叢書和書之部第三十八巻『きりしたん版集一』「解題」三十二頁）。この『こんてむつすむん地』が木活字で印刷されていることがすでに指摘されている。原田版『こんてむつすむん地』は「イエズス会の事業の一環として出された」（同前三十三頁）と考えられているので、そのことからすれば、原田版『こんてむつすむん地』は「キリシタン版」といってよいが、木活字で印刷されていることからすれば、ここまで話題としてきた『どちりいなきりしたん』『どちりなきりしたん』とまったくの「同列」と考えることはできない、とみておくべきであろう。ただし、「同列」と考えることはできない」ということを起点とすれば、『どちりいなきりしたん』『どちりなきりしたん』と同時期に、ちかしい印刷環境において印刷された「国字本」という観点からとらえることができる。

［註10］『仮名表記論攷』第三章第二節「室町時代のかなづかい」に掲げた「〈表〉連歌書のかなづかい」（四一六～四一八頁）に基づく。この〈表〉に当該語が載せられていない場合は、「ナシ」と表示した。

［註11］『仮名表記論攷』の四一六～四一八頁に示した〈表〉において、「『仮名文字遣』が、連歌書のかなづかいと異

なるかなづかいのみを掲出したもの」（四一八頁「表についての凡例」）には「×」を附したが、それは「たましゐ（魂）」「たうとし（尊）」「さえつる（囀）」「おこたる（怠）」「おさふ（押）」「おもし（重）」「おもむき（趣）」「おろかなり（愚）」「おろそかなり（疎）」「ますらお（丈夫）」「とをる（通）」であった。

第3章

亀井孝「"準かなづかい"をめぐる動揺くさぐさ」

「準かなづかい」を精査する

「ドチリナキリシタン」の諸本

本章で採りあげる「〝準かなづかい〟をめぐる動揺くさぐさ」が収められた、亀井孝、H・チースリク、小島幸枝著『日本イエズス会版キリシタン要理』（一九八三年、岩波書店）（以下本書と呼ぶことがある）は「日本イエズス会の歴史の文脈においてとらえた《〝文献〟ドチリナ》」（「はしがき」v頁）についての研究書である［**註1**］。

より具体的には書名にもあるように、「日本イエズス会版キリシタン要理」すなわち日本イエズス会によって印刷出版された「ドチリナキリシタン」についての論考を集めたものといってよい。日本イエズス会によって印刷出版された「ドチリナキリシタン」としては、次の四種類のテキストが現存している。

1　ドチリナキリシタン　一五九二年　ローマ字本（東洋文庫蔵）
2　どちりいなきりしたん　一五九一年　国字本（バチカン図書館蔵）
3　ドチリナキリシタン　一六〇〇年　ローマ字本（水府明徳会彰考館蔵）
4　どちりなきりしたん　一六〇〇年　国字本（カサナテンセ図書館蔵）

刊行年にしたがって、1・2を前期版、3・4を後期版と呼ぶことがある。小島幸枝編『校本どちりなきりしたん』（福井大学国語学研究室内福井国語学グループ発行）は1〜4を対象とした校本であるが、そこでは1がD_1、2がD_2、3がD_3、4がD_4と略称されている。この校本に拠れば、四種類のテキストの「本文」を対照することができる。

1は東洋文庫論叢第九『文禄元年天草版吉利支丹教義の研究』（一九二八年、財団法人東洋文庫）あるいは橋本進吉博士著作集第十一冊『吉利支丹教義の研究』（一九六一年、岩波書店）（その第二刷「キリシタン教義の研究」一九八三年、岩波書店）の別冊に写真版が収められている。2は小島幸枝・亀井孝解説『どちりいなきりしたん（バチカン本）』（一九七九年、勉誠社）として出版されている。3は小島幸枝編『どちりなきりしたん総索引』（一九七一年、風間書房）に、4とともに写真版が収められている（以下「総索引」と略称することがある）。この「総索引」は4を底本としたものである。4は小島幸枝・亀井孝解説『どちりなきりしたん（カサナテンセ本）』（一九七九年、勉誠社）として出版されている。

すなわち、1～4のすべてを写真版によって確認することができる。ちなみにいえば、小島幸枝・亀井孝解説『どちりいなきりしたん（バチカン本）』（一九七九年、勉誠社）には「解説」は附されておらず、小島幸枝・亀井孝解説『どちりなきりしたん（カサナテンセ本）』（一九七九年、勉誠社）に両本の解説が附されている。

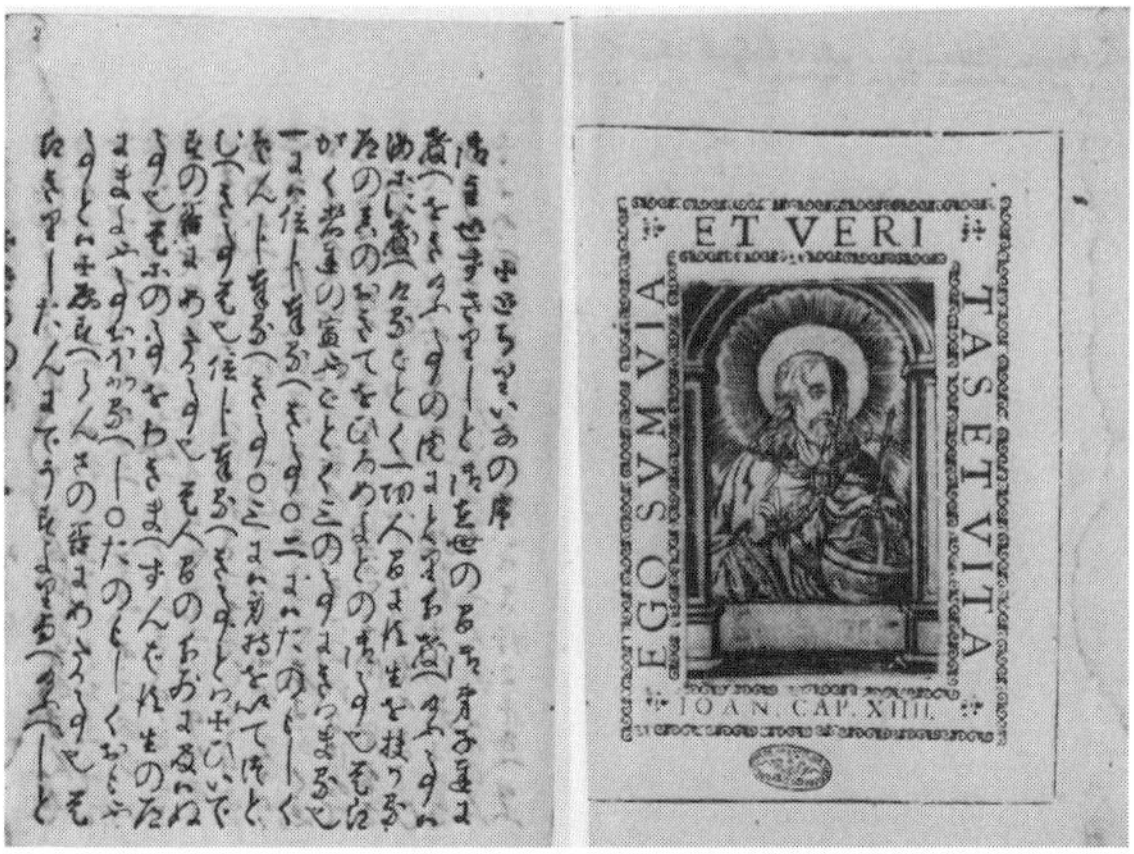

『どちりいな・きりしたん』（バチカン本）勉誠社文庫 55 より

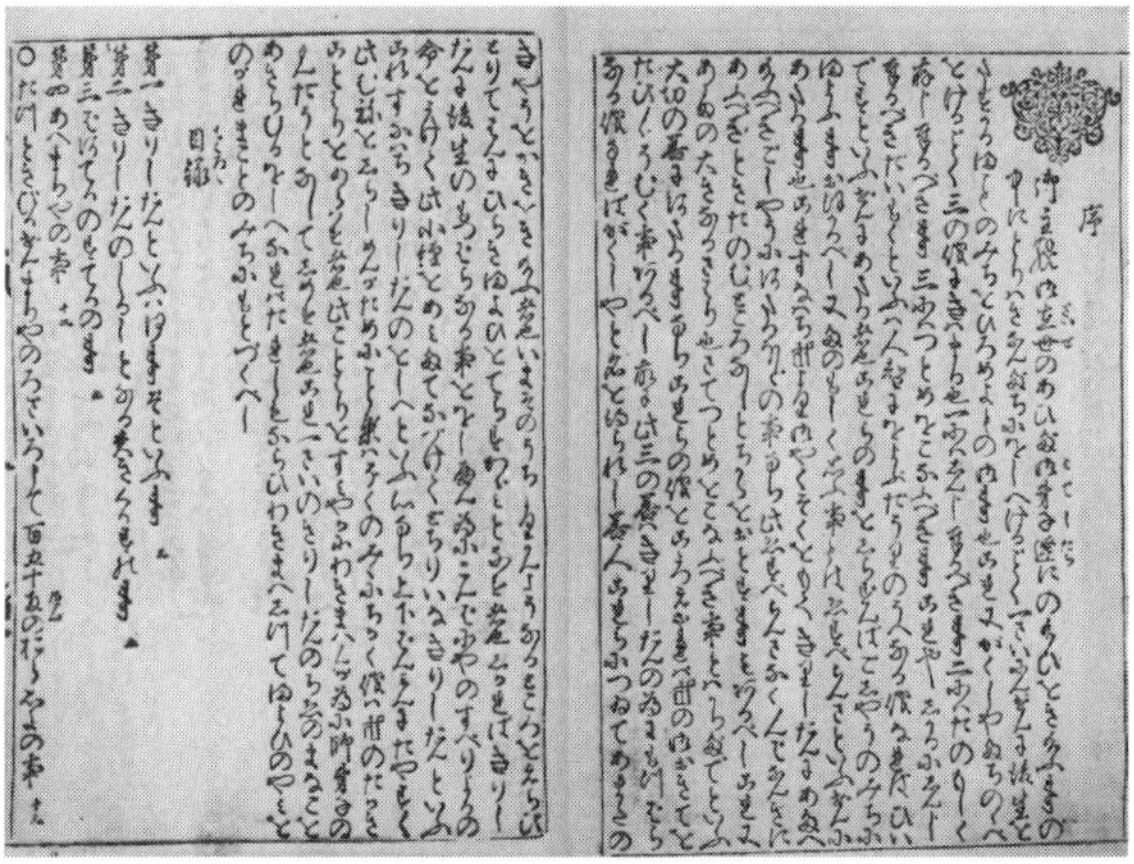

『どちりな・きりしたん』（カサナテンセ本）勉誠社文庫 56 より

前期版と後期版

前期版としてローマ字本（D1）と国字本（D2）とが出版され、後期版としてローマ字本（D3）と国字本（D4）とが出版されている「どちりなきりしたん」は当該時期の日本語について考えるにあたっての格好の文献群であることはいうまでもない。そして新鋳された活字によって後期版が印刷されたことを考え併せれば、前期版に「手入れ」をして後期版がつくられた、とみるのがまずは自然であることはいうまでもない。そのようにみることについて否やはないが、しかしそれをたとえば「成長」という表現でとらえた場合には、いまだ熟していないものが熟していく、という「価値評価」的なみかたが加わっていると筆者には思われる。前期版にみられたAという形式の言語現象が後期版においてはBという形式に置き換えられていた場合、前期版を「手直し」したものが後期版であるとみる。それはまずは、言語形式の入れ替え、あるいは置き換えであって、それが必ず「不良なものを良好なものに置き換えた」ということにはならないのではないか。もちろん多くの場合はそうであるかもしれない。それでもなお、前期版が選択していた言語形式と異なる言語形式を後期版が選択した、という「価値評価」を含めない「みかた」をまずはする必要はないだろうか。

「§2 〝準かなづかい〟をめぐる動揺くさぐさ」（以下本論文と呼ぶことがある）は次のように始まる。

> 「前期後期の二版を通じておのずからここにうかがわれるかなのつかいかたが〝定家かなづかい〟の伝統と無縁ではないとおぼしきについては、いま具体の例をかかげていちいちそこにふでを及ぼすことはしない。」（二八七頁）

「定家かなづかいの伝統」とのかかわり

「定家かなづかいの伝統」とあることからすれば、「前期後期の二版」は当然「国字本」についての謂であり、2と4とを指すことになる。このこと、すなわち、日本イエズス会が印刷出版した、いわゆる「国字本」が「定家かなづかいの伝統」とかかわっているかどうか、について実は正面から論じられたことはないのではないか。

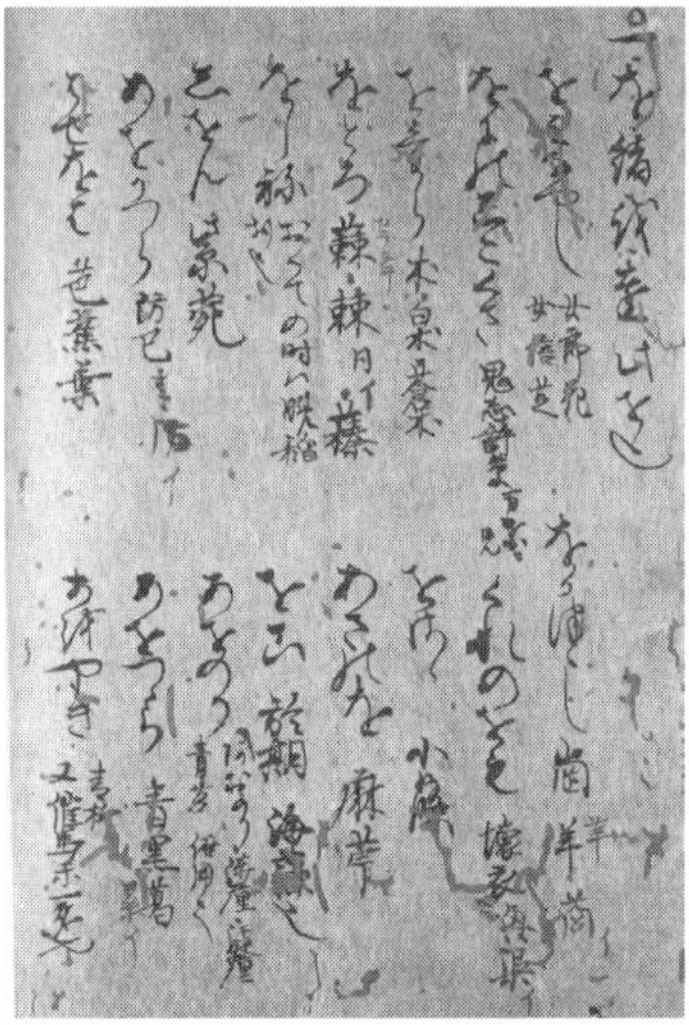

「文禄四年本」『仮名文字遣』
陽明叢書 14『中世国語資料』（思文閣）より

まずそのことについて検証しておきたい。亀井孝がどのような「かなづかい」を「定家かなづかい」と呼んだかについては、本論文内には述べられていない。したがって、ここでは、行阿『仮名文字遣』に示されている「かなづかい」を「定家かなづかい」と呼んでいると前提して検証を進めることにする。

『仮名文字遣』と呼ばれるテキストにはさまざまなものがある。拙書『仮名遣書論攷』（二〇一六年、和泉書院）においては十三種類のテキストを紹介しているが、京都大学国語研究室に蔵され「文明十二年本」と呼ばれているテキストのように、見出し項目数が千を少し超えた（一〇五〇）程度のものもあれば、陽明文庫に蔵されている「文禄四年本」のように、見出し項目が二千にちかい（一九四四）ものもあり、テキストの規模に幅がある。

今、ここでは、見出し項目数の多い「文禄四年本」を『仮名文字遣』として使用することにする。「文禄四年本」は陽明叢書14『中世国語資料』（一九七六年、思文閣）に収められている写真版を使う。

ある「かなづかい」を「古典かなづかい」とは異なる何らかの「かなづかい」であるとみなすためには、いうまでもないが「古典かなづかい」とは異なっていることが前提となる。『どちりなきりしたん総索引』を使い、「古典かなづかい」とは異なる「かなづかい」が採られている語を探すと、例えば「オヨブ（及）」を見出すことができる。「オヨブ」は「古典かなづかい」で「およふ」と書く。『どちりなきりしたん総索引』は先に述べたように、4のカサナテンセ図書館蔵本（後期版）を底本としている。

1 だいもくといふは人智にをよぶだうりのうへなる儀なれば（一丁裏七行）
2 師　そのむねことごとくいふにをよばず（三丁表八行）
3 こゝろのをよぶほどしん〴〵をもつ／べき事（五丁裏一行）
4 しからば人々なんぎにをよぶときあるひは（十五丁表十六）
5 われらがちゑはわづかにかぎり／ある事なればふんべつにはをよばず（十九丁表九行）
6 たとひふんべつにをよばずといふ／とも（十九丁表九行）
7 にんげんのうすきちゑにはおよぶところに／あらず（二十一丁裏三行）
8 をよばずながら一のたとへをいふべし（二十一丁裏六行）
9 △にて／おはします御所は申にをよばず（二十四丁裏六行）［註2］
10 あやうき事に／をよぶともぜひに御ゆはひをまもり奉れ（三十三丁裏八行）
11 それをつとめてよしやいなやをたゞし／わくるにをよばず（三十三丁裏十二行）
12 ぜひぜんあくをわきまふるとしころにをよばざる／わらはべは（三十四丁裏十四行）
13 びやうにんひとりのこりゐばなんぎに／をよばんと思ふに（三十五丁表七行）
14 又さんにをよびたるくはいにんのをんな（三十五丁表八行）
15 その事なりがたき時はするにをよばず（三十八丁表二行）
16 又しするなんぎにをよばん時と（三十九丁表四行）
17 ちからのをよぶほどぜんじをすべき事かんようなれ（四十一丁表六行）
18 人のたけほどなるものは／いふにをよばず（四十六丁裏十五行）
19 こんちりさんはいまだ／こんひさんにをよばざるまへより（四十八丁表十二行）

20　こんちりさんにをよばざれば（四十八丁裏八行）
21　そのむねんをさんぜんがためせつがいにをよぶか（五十一丁表十一行）
22　又りんじうの時にをよんで／さづかる事もかなふ者也（五十三丁表十五行）

右の二十二例中、7一例のみが語頭に「お」を使い、その他の二十一例は語頭に「を」を使っている。このことをもって、後期版の「オヨブ」のかなづかいは「を」を語頭に使うかたちが優勢であるとみなすことはできる。「古典かなづかい」は先に述べたように「およふ」であるので、後期版では「非古典かなづかい」が優勢ということになる［註3］。「文禄四年本（仮名文字遣）」は「をよふ　及（以下略）」（を部）を示しながら、その一方で「およはぬ　不及」（お部）を示しており、いわば「分裂的」である。ただし、東京大学国語研究室に蔵されている「文明十一年本」と呼ばれてきたテキスト（見出し項目数一〇八〇）には「およはぬ　不及」が見出し項目となっておらず、この見出し項目がいずれかの時点でもちこまれた可能性はある。しかし、文禄四（一五九五）年は4の刊行年である一六〇〇年とちかく、「文禄四年本（仮名文字遣）」と『どちりなきりしたん』後期版とを「同時代の文献」と見なすことは自然である。

後期版において優勢である語頭に「を」を用いるかたちが「文禄四年本」に示されていることをもって、（この語に関して）後期版を「文禄四年本（仮名文字遣）」的とみることはできる。また、一例のみではあるが、後期版が「お」を語頭に用いるかたちを使い、「を」「お」が両用されていることをもって、「文禄四年本（仮名文字遣）」的とみることもできる。つまり「オヨブ」の場合は、いずれにしても、「文禄四年本」的とみなすことができる。

動詞「オソル（恐）」、名詞「オソレ（恐）」は、それぞれ「古典かなづかい」で「おそる」「おそれ」と書く。これらの語について、後期版では次のように書かれている。

1　てんまはくるすほどをそれ奉る事なければ（六丁裏一行）
2　いかなるつるぎとてもをそるゝ事なし（六丁裏三行）
3　おほきにくるすをそれ奉る者也（六丁裏六行）
4　大きにくるすをそるゝ／なり（六丁裏十五行）
5　うたれたるつみを見をそれて／にぐるごとくなりと（六丁裏十六行）
6　てんぐむらがりたるところに入大きに／をそれ（七丁表三行）
7　かなしひと／をそれといかりとうの事也（九丁表三行）
8　ふかきうやまひをそれをもてこうくはいし（三十九丁裏二行）
9　しからばいんへるのゝくるしみををそれあるひは（四十八丁表一行）
10　そのほかの／わざはひををそれてこうくはいし（四十八丁表二行）
11　身のうへにむくふべきくるしみを／をそれて（四十八丁裏一行）
12　そむき奉るべき／事をふかくをそれさせ給ふ御あたへなり（五十四丁裏十七行）

十二例いずれも語頭に「を」を使っている。「文禄四年本」には、「おそる　をそれの時はを也　怖　畏」（お部）とある。その一方で、「を部」に「をそれ　おそるの時はお也　恐　怖　畏」とある［註4］。動詞「オソル」の連用形、連用形に由来する名詞を「をそれ」と書いている点において、後期版と「文禄四年本」の記事とは合致している。このことをもって、後期版は「文禄四年本」的＝『仮名文字遣』的であると「みなす」ことはできる。しかし、「文禄四年本」が「をそれ」とともに「おそる」を見出し項目としているということ、そのことを注視し、それを「二つのかなづかいをあげている」と捉えた場合、後期版は二つのかなづかいを使っていないという点において、「文禄四年本」とは異なると「みなす」こともできなくはない。いずれにしても、分析者の「判断／みなし／解釈」がつねにともなっていることはいうまでもない。

「オソル」の書き方としては「おそる」「をそる」の二通りが考えられる。「トホル」のように「とおる」「とほる」「とをる」の三通りが考えられる場合もある。二通りのかなづかいが考えられる場合を使って、原理的に整理をしてみたい。

まず二通りのかなづかいをA、Bとする。『仮名文字遣』が見出し項目にA、Bをどう採りあげるかを考えると、Aのみ、Bのみ、A・Bともに、の三通りがある。後期版の状況もAのみが使われている、Bのみが使われている、A・Bが両用されているという三通りが考えられ、両用の内部を、Aが支配的、Bが支配的、A、Bが拮抗、の三通りに分けることができるが、今そこまでは考えに入れないことにする。『仮名文字遣』が掲げるかなづかいと後記版のかなづかいとの一致を「完全一致◎」「部分一致○」「不一致×」であらわすことにする。

	『仮名文字遣』が掲げるかなづかい	後期版のかなづかい	一致不一致
a	A	A	◎
b	A・B	A・B	◎
c	A・B	A	○
d	A・B	B	○
e	A	B	×

右では、c、dの場合を「部分一致」とみて「一致」とみなしている。結局書き方が二通りの場合、『仮名文字遣』がAを示しているのに、後期版がBを専用している場合のみが不一致ということになる。aを「完全一致」とみなすことに否やはないだろう。bもかたちの上では「完全一致」であるが、「内実」を考えてみると、結局『仮名文字遣』

は原理的に存在し得る二通りのかなづかいを示し、後期版もその二通りのかなづかいを使っているということで、これを（あり得るかなづかいをすべて使っている点において）「無秩序」とみることもできる。aが二通りあるかなづかいのうちのAを使うという「傾向」を示しているのに対し、bは「傾向」をもたないことになる。

『仮名文字遣』のかなづかいと後期版とのかなづかいとの一致不一致を判断するにあたって、c、dには何程かの不一致が含まれていることをもって、これらを不一致とみなし、bを判断から除外して、aのみを一致とみるのがいうまでもなくもっとも厳しい基準になる。これに対して、b〜dには（不一致も含まれているが）一致が含まれているとみなし、a〜dまでを一致とみるとすれば、基準は緩いことになる。

「文禄四年本」のように、見出し項目数の多いテキストにおいては、複数のかなづかいが示されていることが少なくない。そうであると、eに該当する場合を見出す事は難しい。

そしてまた、かなづかいが体系的なものとして機能しているという証明はされていないと考える［註5］。Aという語をこう書き、Bという語をこう書き、Cという語をこう書いているのが「××かなづかい」で、AとBとをこう書いていたとしても、Cをこう書くのでは「××かなづかい」とは認められないという議論はなされていないと覚しい。「文禄四年本」が掲げていないかなづかいが一つでも後期版にあれば、後期版は「文禄四年本」的ではないと判断することになるのか、そうではなくて「多数決」であるのか、そうしたことも明白になっているとはいえないのではないか。

結局、今ここでは、eの場合を多く見出す事はできないという点において、後期版のかなづかいは「文禄四年本」と「ちかい」ということを確認するに留めることにする。そう確認した場合でも、「文禄四年本とちかい」ということをすぐにそのまま『仮名文字遣』的＝「〝定家かなづかい〟の伝統」につらなるとみてよいかどうかについては今は措くことにする［註6］。

「正書法」について

亀井孝は続く「a　カゾユル、ワキマユルのたぐいのとりあつかいについて」の冒頭において、「それぞれの語をそれぞれにそれとして書きあらわすに排他のかたちでいかなる文字にそれをあてるかは〝語の水準〟に属することがらであるそのかぎりでは、これは〝正書法〟とよぶべき、そういう個別の語の書きわけの範囲にとどまることがらである」（一八七〜一八八頁）と述べる。ここに「正書法」という用語が使われている。

「正書法（orthography）」とは改めていうまでもなく、「正しい書き方」ということである。稿者はかつて、日本語に関して「仮名で書くか、仮名で書く場合に平仮名で書くか、片仮名で書くか、漢字のみで書くか、漢字と仮名とを混ぜて書くか、ということが原理的には選べる。つまり使う文字種に選択肢がある」、「「正書法」がないということは書き方が複数あるということで、書き方が複数あるということは、言い換えれば、「書き方に選択肢がある」ということになる」（二〇一三年、岩波書店『正書法のない日本語』七〜八頁）と述べた。これは漢字と仮名とを使うことができる時期の日本語についての発言である。

仮名が発生して仮名を使うことが可能な時期は漢字を使うことが可能な時期でもある。このような時期で、かつ日本語の音韻と仮名との間に一対一の対応が成立していた時期に、「漢字を使わないで語を書く」すなわち「仮名のみで語を書く」ということになれば、「正書法」と呼ぶことができるような「書き方」があった、とみなすことはできる。しかしそうした時期は必ずしも長くはない。仮名の成立を十世紀初頭とみ、語頭において［o］と［wo］とが混同されるようになった時期を西暦一〇〇〇年頃とみるとすれば、「正書法」があったとみなし得る時期は百年程度ということになる。仮名が成立した十世紀初頭から現在までの一一〇〇年間を考えた場合、そのうちの百年程度が「正書法」があった時期で、残り千年が「正書法」のない時期であったとすれば、総合的にはやはり日本語に「正書法」があった、とはいいにくいのではないか。

「排他」について

亀井孝は「それぞれの語をそれぞれにそれとして書きあらわすに排他のかたちでいかなる文字をそれにあてるかは〝語の水準〟にぞくすることがらである」（一八七頁）と述べる。これはひとまずは、先に述べた「百年程度」の時期についての言説とみることにする。この言説を原理的に考えた場合否やはないので、ここでは具体的に考えてみることにしたい。

ここでは「正書法」ということにかかわる文脈において「排他」という語が使われている。そのことからすれば、たとえば四つの仮名で書くことができる語がA、B二つあり、語Aは「AXYZ」と仮名を並べ、語Bは「BXYZ」と仮名を並べる。この場合、第一番目に仮名Aが置かれれば語A、第一番目に仮名Bが置かれれば語Bということになり、第一番目に置く仮名（すなわち第一拍目の発音）によって語が決定されているという意味合いにおいて「排他」的といえよう。しかし実際にはこのようなペアは多いとはいえない。現代日本語において「イル」と発音する語は次のように分けることができる。

A：古典かなづかいが「いる」＝入る・沃る・射る・煎る・鋳る

B：古典かなづかいが「ゐる」＝居る・率る

「百年程度」の時期は日本語の音韻と仮名との間に一対一の対応が成り立っている時期であるので、A群の語とB群の語とは発音が異なる。発音が異なるのだから、「排他」的であるとみることもできるが、これは原理的には「アカ（赤）」と「サカ（坂）」とが第一拍目の発音によって、どちらの語であるかが「決定されている」ことと同じことになる。こうしたことを「排他」と（わざわざ）とらえなければならないということはないと考える。

また（一音節語は措くとしても）二音節語であっても、右のAのように、同音異義語が存在している。Aでは漢字を使って、それぞれがいかなる語であるかを示しているが、そこまでしなければ、A群とB群とを分けることもできない。同音異義語を視野にいれた場合は、「それぞれの語をそれぞれにそれとして書きあらわすに排他のかたちでいかなる文字をそれにあてるか」の「文字」は仮名ではなく漢字ということになる。

「ある語を仮名だけで書く場合に、どのように仮名を使うか」が「かなづかい」ということがらであるが、漢字を使わなければ「それぞれの語をそれぞれにそれとして書きあらわす」ことができないのだとすれば、そもそも「仮名だけで書く場合」が日本語表記全体においては、必ずしも「枢要」とはいえないことになる。したがって、そもそも語の同定において「かなづかい」がはたしていた「役割」が必ずしも「枢要」ではなかったのではないか、という問いをもちつつ「かなづかい」について考えることには一定の意義があると考える。

「かなづかい」について考えるにあたっては、「1:原理面（枠組み）からの考察」、「2:原理面（実際の可能性）からの考察」、「3:実際面からの考察」がバランスよくなされる必要がある。先にA群B群を考えたのは、「2:原理面（実際の可能性）からの考察」にあたる。また、「文明十一年本」と呼ばれている『仮名文字遣』は「用例数が少ない」（駒沢大学国語研究資料第二『仮名文字遣』四四二頁）ことが指摘されている。「用例数が少ない」ことをもってただちに、原態にちかいとみなすことはできないが、ひとまずこの「文明十一年本」を増補されていないテキストとみなすことにする。そうみなした場合に、この「文明十一年本」が見出し項目の掲出において、例えば「をほひ　蓋　覆」（を部）という形式を採り、仮名書き語形のみを示すのではなく、「仮名書き語形＋漢字列」という形式であることを視野に入れることは、「3:実際面からの考察」の一つということになる。

「かなづかい」をどのようにとらえるか

亀井孝は続いて「したがって、もと古代日本語のハ行下二段活用にさかのぼるべき、これらヤ行下二段活用に属する、たとえばカゾユル(〈カゾフル)」ワキマユル(〈ワキマフル)のたぐいのこの活用語尾をかなとしていかに書きあらわすかは、これら一類のそのすべてに通ずることがらとして、むしろ"かなづかい"に似る。しかしまた、それは、ことばのその本来の厳密な意味における"かなづかい"のうちには、含ましめえないこともあからさまである」(一八八頁)と述べる。

右の言説にかかわることがらを整理しておきたい。まず(狭義の)「かなづかい」については、本書「はじめに」で述べたように、「日本語の音韻と、それを表わす仮名との間に一対一の対応が保たれなくなった時期において、設定される概念」で、音韻が減少していったために、結果として「余った」かたちになった「仮名をどのように使うか」ということが「かなづかい」ということと考える。

ハ行下二段活用していた動詞がヤ行下二段活用をするようになったということはいわば「事実」であるので、右の亀井孝の言説にあげられている語を使っていえば、「カゾフル」という語(形)がまずあって、後に「カゾユル」という語(形)がうまれたことになる。

「イル(入)」と「ヰル(率)」との二語を例としてさらに具体的に考えてみたい。それぞれ語の第一拍目の発音に区別があった時期においては、区別に基づいて、その発音に対応する仮名を書いていた。これを稿者は「古典かなづかいの時期」と呼ぶことがあるが、その時期には、「かなづかいは(ことがら自体が)なかった」ことになる。第一拍目の発音の区別がはっきりしなくなった、(あるいは区別がなくなった)時期においては、その(一つになりつつある、あるいは一つになった)発音に対して、かつて(区別があった時期に)は「い/イ」「ゐ/ヰ」が使われていたという「認識」に基づいて、どちらの仮名を使えばよいか、ということが「話題」になる。これが「かなづかい」である。

どれほど明確にそれが意識されているかということは措くとして、「①かつては発音に区別があったが今は区別がない」「②区別があった時期に使われていた仮名はわかっている」「③かつて使われていた仮名のどちらを使えばよいか」という三つの「認識」が「かなづかい」ということがらの背後にあると考える。そうであるとすれば、「カゾユル〈カゾフル〉」「ワキマユル〈ワキマフル〉のたぐいのこの活用語尾をかなとしていかに書きあらわすかは」「かなづかい」にまったく似ていないといわざるをえない。かつてハ行下二段に活用していた「カゾフ」という動詞が、ある時期からヤ行下二段に活用するようになって「カゾユ」という語形をうみだしたということは、前者の終止形「カゾフ」、連体形「カゾフル」の発音が「カゾフ」あるいは「カゾウ」で、後者の終止形「カゾユ」、連体形「カゾユル」の発音が「カゾユ」、「カゾユル」である限り、（原理的には）発音が異なる「別語」ということになる。「別」ということは「一つになりつつある」あるいは「一つになった」というその「一つ」ということが成立していないということである。ハ行下二段活用動詞「カゾフ」とヤ行下二段活用動詞「カゾユ」を「一つ」にくるとすれば、それは語義が等しい＝一つであるという観点がまず考えられる。しかし「かなづかい」という言語現象に語義はかかわっていないのであって、その点において、やはり「「かなづかい」にまったく似ていない」。ハ行転呼音現象が起こった後の時期においては、ハ行下二段活用とヤ行下二段活用とでは、左に示したように、未然形、連用形の（仮名書き語形は異なるが）発音が同じになる。ハ行下二段の未然形・連用形の「カゾヘ」は発音すれば、「カゾエ」であって、ヤ行下二段の未然形・連用形と同じになる。しかし、終止形「カゾフ／カゾユ」、連体形「カゾフル／カゾユル」の発音は同じではないし、已然形、命令形も同じではない。したがって、発音の重なり合いも未然形、連用形のみで、いわば一部が重なっているにすぎない。しかし、語義が等しいということからすれば、ハ行下二段の活用形とヤ行下二段の活用形すべてが、一つの動詞の変異形とみなされていた可能性もあろう。発音形によってそれを示せば次のようになる。すなわち、終止形、連体形、已然形が二つの語形をもつ動詞ということになる。

ハ行下二段	カゾヘ	カゾヘ	カゾフ	カゾフル	カゾフレ	カゾヘ（ヨ）
ヤ行下二段	カゾエ	カゾエ	カゾユ	カゾユル	カゾユレ	カゾエ（ヨ）
	カゾエ	カゾエ	カゾウ	カゾウル	カゾウレ	カゾエ（ヨ）
			カゾユ	カゾユル	カゾユレ	

考察を進めるにあたって、稿者の「みかた」をできる限り具体的に述べておくことにする。まず「カゾフル」という語（形）が「カゾフル」あるいは「カゾウル」と発音され、「カゾユル」という語（形）が「カゾユル」と発音されている場合は、発音が異なるのだから、「カゾフル」と「カゾユル」とは「別語」、すなわち異なる語であると考える。「カゾエ」と発音している語（形）を、たとえば平仮名で「かそへ」と書くか、「かそえ」と書くかということは「書き方」の問題と考える。したがって、ある文献において、「カゾフル」が使われていれば、それはハ行下二段活用をする動詞の連体形を選択して使ったということであり、「カゾユル」が使われていれば、それはヤ行下二段活用をする動詞の連体形を選択して使ったということになる。これは「書き方」の問題ではなく、語（形）の選択の問題である。

このみかたを基本として以下の考察を進めていきたい。

安田章は「吉利支丹仮字遣」において、一五九一年に刊行されたと目されている（前期版）『どちりいなきりしたん』において「「こんひさん」「こひさん」「こむひさん」、「ぐらうりや」「ぐらふりあ」「ぐらうりあ」と夫々三種の形を以て表わされている」（『仮名文字遣と国語史研究』八十二頁）ことを指摘している。この場合、ポルトガル語「confissão」（告解）を日本語としてどのような語形でうけとめるかということであるので、やはり語形の選択の問題とまずは考えたいが、その「語形」そのものが、母語の場合と同じように安定しているとはいえないことが同時に推測される。そうであれば、「ぐらうりや」と書いてあれば、「グラウリヤ」と発音していた、「ぐらふりあ」と書いてあれば「グラフリア」と発音していた、「ぐらうりあ」と書いてあれば「グラウリア」と発音していたとみることは、みかたが固定的過ぎるともいえよう。「ウ」と発音する箇所に、仮名の「ふ」を使うということがある時期においては、「ぐらふりあ」は「グラウリア」という発音と対応する可能性をもつ。あるいはまた、「ロー」と発音する箇所に、仮名の「らう」あるいは「らふ」を使うということがある時期においては、「ぐらふりあ」「ぐらうりあ」はいずれも「グローリア」という発音と対応する可能性をもつことになる。この場合は、「かつてどう書いていたか」を問うことができず、かつ、発音されている外国語をどのように母語の発音としてとらえるかということがらがかかわり、語形の選択の問題と断言しにくい面をもつ。こうした場合は、語形の選択の問題と書き方の問題とが截然と分けにくくなる［註7］。前期版の『どちりいなきりしたん』においては「こんひさん」「こひさん」「こむひさん」が使われており、それが後期版の最初の印刷となった、一五九八年に刊行された『さるばとるむんぢ』においては「こんひさん」のみが使われているということは、三種類あった「書き方」を一つに統一したということではなく、やはりまずはこの（仮名書き）語形が選択されたとみたい。

当該時期においては、仮名で「かそふる」と書かれている語の発音は（第二拍目は濁音であったとして）「カゾウル」もしくは長音化した「カゾール」にちかい発音であると思われ、一方仮名で「かそゆる」と書かれている語の発音は「カゾユル」であると思われる。そうであれば、「かそふる」と「かそゆる」とは発音が異なる。すなわち別語であることになる。発音が異なる語の仮名書き語形が異なるのは当然である。

「かなづかい」を先に述べたように、日本語の「音韻が減少していったために、結果として「余った」かたちになった「仮名をどのように使うか」ということと考えた場合、たとえば、かつては異なっていた二つの音韻が一つの音韻になるということを、二つの音韻にかつて対応していた二つの仮名の側から説明すれば、二つの仮名の発音上の区別がなくなった、という説明になる。それをさらに簡略に説明すれば、「仮名が二つで発音が一つ」ということができるであろう。したがって、仮名書き語形「かそふる」と仮名書き語形「かそゆる」とが存在することを、「準」にしても「かなづかい」という枠組みで説明するのであれば、「カゾウ／カゾウル」と「カゾユ／カゾユル」との発音が（完全に一つではないにしても）一つで、書き方が「かそふる」「かそゆる」二つある、という枠組みで説明することになる。しかし、亀井孝の「準かなづかい」はそういう説明であるようには、少なくとも稿者にはみえない。

よみくせ

続いて亀井孝は次のように述べる。

一面それは「書きて」の音便形「書いて」がこの音便形そのままのすがたをもって文献にあらわれるのに似ているとともに、また音便のばあい「書きて」と書いてすでに口には「カイテ」とよむことの、その、慣用としてゆるされた、そういう段階もかつてあったふしがそこに窺われうるのにおなじく似て、「かぞふ（る）」や「あたふ（る）」のばあいにも、これらハ行二段のままをふでにのぼせながら、口にはこれをヤ行二段によむことが、やはりおこなわれたとおぼしいのである。このような〝ならい〟は、古来の伝統のことばを援用してこれをおさえるならば、〝よみくせ（読曲）〟の一種とみなしうる。後期版は、そういう〝よみくせかなづかい〟のたちばからもまた、前期版に手なおしをほどこした。

かぞゆる→かぞふる　くはゆる→くはふる　そゆる→そふる　となゆる→となふる　わきまゆる→わきまふる
をしゆべし→をしふべし

まず「音便形」についてのことが述べられているが、今「音便形」については措くことにする。亀井孝は「ハ行二段のままをふでにのぼせながら、口にはこれをヤ行二段によむことが、やはりおこなわれたとおぼしい」と述べている。これは、例えば「かそふる」と書いた語を「ヤ行二段によむ」すなわち「カゾユル」と発音するということであるが、それを「〝よみくせ（読曲）〟の一種とみなしうる」と述べる。

今、術語としての「よみくせ」を「「中世から近世にかけての、古今集をその典型とし、ついで伊勢物語・源氏物語・徒然草・百人一首などにも広がりをもつ」（遠藤邦基『読み癖注記の国語史研究』二〇〇二年、清文堂、二頁）文献等にみられる、通常とは異なる、語のよみかた＝発音」ととらえることにする［註8］。

例えば、曼殊院に蔵されている『古今集聞書』（六巻抄）には『古今和歌集』の一〇八番歌の詞書き「仁和中将の御息所の家に、歌合せむとてしける時に、よみける」に関して、「仁和の中将のみやすん所／只ミヤス所トヨム」（巻第二、九十二丁表）という記事がみられる。ここでは「みやすん所」と書いてある箇所を（「ミヤスン所」ではなく）「ミヤス所」と「よむ」という注記がなされている。これが「よみくせ注記」である。この曼殊院蔵『古今集聞書』（六巻抄）には「全体にわたり『六巻抄』の特徴の一つである声点もつけられている」（一九九一年、汲古書院『曼殊院蔵古今伝授資料』第三巻、六〇二頁）。

これはこの『古今集聞書』が「よむ＝書かれている文字を発音する」ということを強く意識してつくられたテキストであることを示している。この曼殊院蔵『古今集聞書』には藤坊堯恵による延徳三（一四九一）年三月十五日付けの識語が記されている。あらためていうまでもなく、『古今和歌集』は十世紀初頭に編まれており、いささか粗くいえば、十世紀初頭の「書きことば」を十五世紀にどのように「よむ」か、ということを記したテキストが曼殊院蔵『古今集聞書』であることになる。『古今和歌集』がどのように伝えられたか、ということを措いて当該テキストを語ることはできないであろうが、そのことを措いても、十世紀の「書きことば」しかも和歌を十五世紀にどのように「よむ」か、ということ自体が特別なこととといえよう。そういう特別なテキストに「よみくせ」注記がなされている。

亀井孝が「ハ行二段のままをふでにのぼせながら、口にはこれをヤ行二段によむことが、やはりおこなわれたとおぼしい」と述べる時に、その具体的な例として、どのような文献のどのような例を想起していたかを知りたいと思うし、それを示してほしかったと思うが、それは措くとしても、やはり「後期版は、そういう〝よみくせかなづかい〟のたちばからまた、前期版に手なおしをほどこした」のであれば、なにゆえ後期版が「〝よみくせかなづかい〟のたちば」に立つことになったか、立たなければならなかったか、の説明は必要ではないだろうか。

一般的にみた場合、いわゆるキリシタン版が、発音ということに気を配っていることは認められよう。しかしそれはむしろ「表音的」ということと結び付けて理解するようなことではないのだろうか。仮名で「かそふる」と書くが、発音は「カゾユル」であるということはまったくもって「表音的」とはいえない。

大塚光信の指摘

右の「ハ行二段のままをふでにのぼせながら、口にはこれをヤ行二段によむことが、やはりおこなわれたとおぼしい」という言説にかかわることがらについて、先にも引いたように大塚光信は「本語小考─キリシタン版翻字への一基礎として─」(一九五四年『国語国文』第二十三巻第六号、後一九九六年、清文堂出版『抄物きりしたん資料私注』に再収、引用は後者による)において、次のように述べている。

今『ドチリナ』における関係語を見ると、D1 D3では全て「m」、D4は「b」と、截然とその使用法の上で日葡辞書の記述を裏付けている。ところがD3では、「B」が圧倒的でありつつも僅かに「M」が交っている。このD2の「m」「b」混用→D4のB専用の変化は辞書の記述を考え合すと、必ずしも偶然的とは思われない。またハ・ア行下二段とヤ行下二段との関係を見るに、D2のハ・ア行混用が、D4においてはハ行専用になっているのも、他のキリシタン物との比較からいって、当時の言語状態そのものからの改訂ではなく、意識的なものと考えられる（六八四頁）。

引用を理解するために、補足すると、D1 D2 D3 D4は先に述べたテキストを（同様に）指す。この言説の直前において、『日葡辞書』の見出し項目「カタブクル」を採りあげ、その語釈中に「B字を用いて書かれるけれども、話し言葉ではMを以て発音される」とあることを指摘し、このような語について「ブ形」（b）が使われているか、「ム形」（m）が使われているかについてまず述べている。このいわゆる「mb交替」にかかわることがらについては後にふれることにして、今ここでは「ハ・ア行下二段とヤ行下二段との関係を見るに、D2のハ・ア行混用が、D4においてはハ行専用になっている」という言説のみをまず話題にした。大塚光信の右の論文が発表されたのは、一九五四年であり、かつ安田章「吉利支丹仮字遣」の注7にも掲げられていることから考えて、亀井孝は（当然のことであろうが）大塚光信の指摘を視野に入れていたと推測する。D2 D4の状況を確認しておく。

D2とD4との対照

D2＝『どちりいなきりしたん』（バチカン図書館蔵本）とD4＝『どちりなきりしたん』（カサナテンセ図書館蔵本）との対照を行なう。小島幸枝編『どちりなきりしたん総索引』（一九七一年、風間書房）は書名のとおり、『どちりなきりしたん』（カサナテンセ本＝D4）の索引であるので、この索引によってD4の「となふる」「となゆる」を検索した。「トナフル」は比較的使われている動詞である。そして、D4の「となふる」「となゆる」と対応すると思われるD2の箇所がどのように書かれているかを調べた。D2の例の所在は、使用している『どちりいな・きりしたん』（バチカン本）（勉誠社文庫55）の、D4の例の所在は『どちりな・きりしたん』（カサナテンセ本）（勉誠社文庫56）のページ数によって示す。D4の振仮名は必要のある場合のみ表示し、その他は省いた。

01 D2 きりしたんはくるすをいくさまにとな／ゆるぞ（18頁12行目）
D4 きりしたんはくるすのもんをいくさまにとなふるぞや（13頁5行目）

02 D2 二様に唱る也（18頁14行目）
D4 二さまにとなふるなり（13頁6行目）

03 D2 右の大ゆびにてくるすのもんをひたいと／口とむねにとなゆる也（19頁4行目）
D4 みぎの大ゆびにてくるすの文をひたひと／くちとむねにとなゆるなり（13頁7行目）

04 D2 其三のもんを唱る時は何たる事を申上ぞ（19頁5行目）
D4 その三のもんをとなゆるときは何たる事を申上るぞ（13頁8行目）

05 D2 対応なし
D4 われらが△さんたくるすの御しるしをもてわれらがてきをのがし／たまへととなふるなり（13頁10行目）

06 D2 一句には口にくるすを唱る也（19頁13行目）
D4 われらがてきといふ／一くをもてくちにくるすをとなふる也（13頁13行目）

07 D2 りへらなふ／すでうすなふずてるの一句にはむねにく／るすをとなゆる也（20頁1行目）
D4 のがしたまへと申一くをもて／むねにくるすをとなふるなり（13頁13行目）

08 D2 ひたいと口とむねと此三所にくるすを唱／る事は何たるしさいぞや（20頁3行目）
D4 ひたひとくちとむねと此三所にくるすを唱（右振仮名となふる）る事は何たるしさいぞや（13頁14行目）

09 D2 ひたいに唱る事でうすよりまうねん／をのけたまはん為也（20頁4行目）

D4 ひたひにとなふる事は△よりまうねんをのぞきたまはんため也（13頁15行目）

10 D2 口に唱る事は悪口ま／うごを口よりのがしたまはん為也（20頁5行目）

D4 くちに／となふる事はあつこうまうごをのがしたまはんため也（13頁16行目）

11 D2 二にはむねにくるすのもんを唱事（26頁9行目）

D4 二にはむねにくるすのもんをとなゆる事（17頁13行目）

12 D2 又む／ねに唱る事は心よりいづる悪き所作をの／がしたまはん為也（20頁7行目）

D4 むねに／となふる事はこゝろよりいつるあしきしよさをのがしたまはんため也（13頁17行目）

13 D2 対応なし

D4 われらがうへにくるすの／しるしをつねにとなふる事かんようなり（14頁2行目）

14 D2 くるすのもんをとなへ／ければ天狗即あたをなさんとすれどもつ／いにかなはざりしと也（22頁7行目）

D4 くるすのもんをとなふるがゆへに／あたをなす事かなはずといへり（15頁5行目）

15 D2 くるすを唱て天狗をにがしける／によききりしたんの唱へ奉らばいかゝ／有べきや（22頁10行目）

D4 くるすのもんをとなふるをもててんぐをひはらいけるによき／きりしたんのうへにとなへ奉らばいかゞあるべきぞや（15頁7行目）

16 D2 右の手を以てひたいよりむねまで左のか／たより右のかたまでくるすのもんを唱／ゆる也（23頁3行目）

D4 いま一にはみぎのてをもてひたひよりむねまでひだりのかたより／みぎのかたまでくるすのもんをとなふるなり（15頁11行目）

17 D2 唱るもんは（23頁3行目）

D4 となふること葉には（15頁11行目）

18
D2 唱時は／手をひたいにさし（23頁7行目）
D4 となふるときはてをひたひにさし（15頁14行目）

19
D2 よろづの事を初る時となんぎにあふ時／中にもねさまおきさま我かやどよりいて／或はゐけれじやへいる時又はくい物のみ物／の時唱也（24頁8行目）
D4 中にもなんぎにあふとき／これをとなふるものなり（16頁9行目）

20
D2 其しるしを度々に唱事は何事ぞ（24頁9行目）
D4 そのしるしをたび〳〵となふる事はなにたるしさいぞや（16頁10行目）

21
D2 でうす我等をてきの手よりのがしたま／はん為なれば何時も何たる所にても／唱る也（24頁12行目）
D4△われらをてきのてよりのがしたまはんためなればなんどきもなに／たる事にもとなふる事よきなり（16頁12行目）

22
D2 所作を初時唱事は何たるしさいぞや（24頁13行目）
D4 しよさをはじむるときとなゆる事はなにたる子細ぞや（16頁13行目）

23
D2 きりしたんの唱る事は何事ぞや（29頁1行目）
D4 きりしたんのとなふる事はなに事ぞや（19頁4行目）

24
D2 みづをかくると共に唱へずんはばうちず／もをうけたるにてはあるべからず（126頁7行目）
D4 みづをかけざる／まへかのちかみぎのもんをとなふるにをひてはいかゞあるべきや（88頁13行目）

25
D2 又もん／をも達して唱る事肝要也（126頁9行目）
D4 又もんをもたつしてとなふる事かんようなりといへども（88頁15行目）

右のように、D4には二十一例の「となふる」、四例の「となゆる」を見出すことができる。その二十五例に対しての対応というみかたを採った場合、対応がそもそもみられない例が二例（05・13）、対応は確認できるが、D2が漢字のみの、あるいは漢字を使った書き方をしているために、ハ行下二段活用形が使われているか、ヤ行下二段活用形が使われているかをそもそも判断できないという例が十六例（02・04・06・08・09・10・11・12・17・18・19・20・21・22・23・25）、対応は確認できるが、連体形を使っていない表現を採っている場合が三例（14・15・24）あって、結局四例（01・03・07・16）のみが観察対象となる。その四例は「となゆる―となふる」（01・07）、「となゆる―となゆる」（03）、「唱ゆる―となふる」（16）という対応である。D4のみをみれば、「となふる」が二十四例、「となゆる」が四例みられるということになって、「となふる」が支配的に使われていることはいえようが、「となゆる」が使われていないわけではない。

またD2『どちりいなきりしたん』をもとにしてD4『どちりなきりしたん』がつくられたとみた場合、D2の四例の「となゆる（唱ゆる）」のうち三例を「となふる」にかえた、とみることはできるが、一例はそのまま「となゆる」となっている。今は「となふる」「となゆる」という一つの動詞を採りあげているだけであるが、その一つの動詞の状況であっても、「D2のハ・ア行混用が、D4においてはハ行専用になっている」と述べることに、筆者などは躊躇する。「となゆる」が四例使用されていて、「専用」とはいいにくい。

D4は、終止形としては「となふ」二例、「となゆ」一例が使われており、やはりこうしたことからすれば、D4を「ハ行専用」ととらえることはできないのではないだろうか。

他の動詞について整理しておく。

01　アタフ／アタユ：連体形「あたふる」三例。

02　カゾフ／カゾユ：終止形「かそふ」、連体形「かそふる」各一例。

03　クハフ／クハユ：連体形「くはふる」二例。
05　コラフ／コラユ：連体形「こらゆる」一例。
06　シタガフ／シタガユ：連体形「したかふ」五例。
07　ソフ／ソユ（添）：連体形「そふる」一例。
08　タガフ／タガユ（違）：連体形「たかゆる」一例。
09　タトフ／タトユ（譬）：連体形「たとふる」一例。
10　トトノフ／トトノユ：連体形「とゝのゆる」一例。
11　ヒキカフ／ヒキカユ（引換）：連体形「ひきかゆる」一例。
12　ワキマフ／ワキマユ（弁）：終止形「わきまふ」二例、連体形「わきまふる」六例。
13　ヲシフ／ヲシユ（教）：終止形「をしふ」四例、終止形「をしゆ」一例。連体形「をしふる」三例。

異なる語の状況をまとめてしまうのはいかにも粗い［註9］が、仮にそうしたことをしてみれば、ハ行下二段の語形が、二十九例、ヤ行下二段の語形が五例みられることになる。この「足し算」を「傾向」とみなすのであれば、D4の「傾向」はハ行二段活用動詞使用ということになる。しかしその一方で、これはやはり「ハ行専用」とはみなしにくい。

こうした「状況」を視野に入れて、亀井孝は次のような指摘を行なっている。亀井孝の表現をできるかぎり使いながらまとめる。

①「後期版は」「〝よみくせかなづかい〟のたちばから」「前期版に手なおしをほどこした」。
②この手直しは、「口には「カゾユル」「クワユル」など」「この形のままによましめん意図のもとにおこなわれた

ものである」。

③「後期国字版には手なおし洩れがのこって、その結果は〝かなづかい〟としてはゆれている」。「そして、このような例は」ある。

④後期版が「「ゆ」を「ふ」と書きかえるそういう方向をとったことは、かかる例においては「ふ」のままでこれを「ゆ」とよましめる慣用がそのころひろく世におこなわれて　いたそのうらがえしにすぎ」ない。

⑤「この〝よみくせかなづかい〟については、ドチリナのようにかたわらに〝ローマ字版〟をひかえていない一般の国字文献のばあいには現実をおさえしめるものに欠けているけれども、「となふる」と書いてトナユルとよむのも、ひとつ、これ、当時また世にゆるされていた慣用であったものとみたい」。

D2の採る表記体

先には「トナフ／トナユ」について、D2とD4との「状況」をすべて示した。それを手がかりにして、D2がどのような「表記体」を採っているのかをまず概観しておきたい。ここでいう「表記体」は「漢字、仮名をどのように使って文字化を行なっているか」ということである。D2とD4との冒頭を並べてみる。便宜的に各行頭に行番号を附した。17行目の振仮名「てうす」、18行目の振仮名「ものなり」は実際は左振仮名として施されている。

D2
01　師　きりしたんの御おきては真実の御教へ
02　なればきりしたんになる者は其いはれを
03　聴聞する事肝要也其御おきての事を
04　聞れけるや

05 弟 ◆かてきずもを聴聞して道りのひかりを
06 承りきりしたんになる者なり
07 師 分別せられける事はいかん
08 弟 分別せし事おほき也
09 師 其むね悉くいはるゝに及はずたゝ其御分別
10 のほどをしる為に第一肝要のだいもくを
11 申されよ
12 弟 一にはなき所より天地をあらせ給ふ御作者
13 でうすは御一体のみにて在ます也○是即我
14 等が現世後世共にはからひ給ふ御主也○此御

D4

15 師 きりしたんになる者は其をしへ真実《しんじつ》かんようなるむねをちやうもん
16 する事もつぱらなればそのいはれをなんぢよくきくやいなや
17 弟 御せつぽうのをもむきをよくちやうもんして△《てうす》の御ひかりをかふむり
18 きりしたんになり奉る者也《ものなり》
19 師 そのわきまへはいかん
20 弟 ふんべつせし事おほき也
21 師 そのむねことごとくいふにをよばずたゞ分別《ふんべつ》のほどをしるために第一《だいいち》
22 かんようのだいもくを申されよ

23 弟　一には一もつなきところに程なくして天地《てんち》萬像《まんざう》をつくりあらせ給ひ
24 よろづのさくのものをおぼしめすま丶に御しんだいなさる丶その御さく
25 なされてはしよぜんまんどくの御みなもとはかりなき御ちゑばんじ
26 かなひ給ふ御じゆうじざいの御あるじ△御一たいましまます事
27 二にはこれすなはちわれらがげんぜごせともにはからひぜんあくの御へん

右において、D2には二〇五字が印刷されており、そのうちの七十四字（三十六・一パーセント）が漢字、D4には三〇九字が印刷されており、そのうちの四十二字（十三・六パーセント）が漢字である。右の範囲のみで、テキスト全体にかかわる発言をすることはもちろんできないが、右の範囲において、D4がD2に比して、仮名勝ちな「表記体」であることはいえよう。

09行においてD2には「及はず」、対応するD4の21行には「をよばず」とあり、D4は濁音音節を明示している。D4の16行「もつぱら」、17行「せつぽう」においては、半濁音符が使われている。D4は（すべての漢字に、ではないが）漢字に振仮名を施しており、そのことによって、漢字がいかなる語を書いたものかを示している。先に示した22行目（など）では、D2とD4の違いが明らかである。D4が「はじむるときとなゆる事」と印刷している箇所をD2は「初時唱事」と漢字四字のみで印刷している。これはいかにも「よみにくい」のであって、特に活用語の活用語尾をまったく示さないことが少なくないことは目をひく。D4が、語形をできるかぎり明示することに配慮して印刷されているのに比して、D2はそうではない、とみることはできよう。語形が明示されていれば、「理解しやすい＝よみやすい」とともに「発音しやすい＝よみやすい」。したがって、D4はいわば「二つのよみやすさ」を志向して印刷されているといってよいだろう。

このようなことについては、『日本イエズス会版キリシタン要理』第五章「翻訳の成長」の§1「表記・用字の整合」において、「まず表記面からみると、第一に、前期版に漢字で表記してある語が、後期版ではかな書きに、あるいはふりがな付き漢字にあらたまり、全体にいっそうひろい読者層のその理解の容易に資するものとなっていることを指摘しうる。また、前期版におけるとことなり後期版では二合の活字やさらには三合の連続活字がこのんでえらばれ、文字のレヴェルにおける文の展開をいわば音韻論にいわゆるプロソディのタームズにおいて追いやすくしているちがいもいまここに重要である」（一二九頁）と述べられている。

さて、D4が語の発音を配慮した「表記体」を選択しているとすれば、「となふる」と印刷して、実際は「トナユル」と発音するということがあるのだろうか。あるいは表現を変えれば、「トナユル」と発音している語を「となゆる」と仮名で書くことができるのに、わざわざ「となふる」と書くことがあるのだろうか。

22
D2　所作を初時唱事は何たるしさいぞや（24頁13行目）
D4　しよさをはじむるときとなゆる事はなにたる子細ぞや（16頁13行目）

豊島正之は「日本の印刷史から見たキリシタン版の特徴」（二〇一三年、八木書店『キリシタンと出版』所収）において「前期キリシタン版の漢字数は僅かに二百字程度で、後期キリシタン版の二千八百字（現代の常用漢字は二千百三十六字）に比して、余りに少ない」（一四九頁）と述べている。そして、後期キリシタン版に関して、「改鋳された仮名・漢字活字の最初の例は、一五九八年「さるばとるむんぢ」の三百程度である（第一次イタリック新鋳から四年を掛けた事になる）。字数こそ三百字と限られているが、この新鋳活字こそ初の本邦製行草体仮名・漢字金属活字であって、流麗な行草書体は美濃紙に映え、実に美しい仕上がりである」、「同じ一五九八年のうちに、日本イエズス会は二千五百字を越える漢字活字の新鋳に至り、それらの「総数見本帳」として、漢字字書「落葉集」を刊行した」、「翌年一五九九年にはルイス・デ・グラナダの「ぎやどぺかどる」邦訳上下二巻、本文（上下合計で）百九十八丁、付属の漢字字書「字集」二十四丁という大冊に刊行に至るが、この過程で増補した漢字活字は実は五十字程度に過ぎず、「落葉集」は、既に必要な字種の殆どを網羅していた」、「この後、一六〇〇年には、書道手本の「朗詠雑筆」を印行し、漢字総数は二千八百程に増加した」、「こうした順調な仮名・漢字活字による印刷は、一六〇五年一月のイチク・ミゲルの病没により終止符が打たれる」（二五三頁）と述べる。

D4における「かなづかい」

D4が「二つのよみやすさ」を志向していると思われることを指摘した。それではD4においては、「かなづかい」と呼ばれる現象はどのような状況になっているだろうか。例えば、D4においては、ハ行四段活用動詞「ウシナフ」が十二回使われている。そのうちわけは、未然形「ウシナハ」が三回、連用形「ウシナヒ」が三回、連体形「ウシナフ」が六回であるが、それぞれ「うしなは」、「うしなひ」、「うしなふ」と印刷されており、「うしなわ／うしない・うしなゐ／うしなう」のかたちの使用はみられない。あるいは、ハ行四段活用動詞「カナフ」の場合であれば、未然形「かなは」が六十二回、連用形「かなひ」が二十六回、終止形「かなふ」が十三回、連体形「かなふ」が十八回使われているが、「かなわ／かない・かなゐ／かなう」は一例もみられない。

この二つの例から述べることはいかにも粗いが、D4は「古典かなづかい」にちかい書き方を採っていると前提してみる。「かなづかい」を「書いてあるようには発音しない書き方」あるいは「発音するようには書かない書き方」と表現することもできなくはない。（「表音的な書き方」とはどういう書き方かをまず定義する必要があるが）、「書いてあるようには発音しない書き方」「発音するようには書かない書き方」は「非表音的な書き方」ということになる。D4が「二つのよみやすさ」を志向していることは先に指摘したが、その志向は「表音的に書く」ということとつながりをもつ。

そうであれば、テキスト全体としては、「表音的に書く」という志向をもちながら、「非表音的な書き方」とみることができる「古典かなづかい」を採っているということをどう考えればよいか。

（漢字と）仮名とを使って日本語を印刷する場合、（漢字と）仮名とを使って日本語がこれまでどのように書かれてきたか、ということを無視することはできないはずで、活字を使って印刷するということに付随して、「これまでの書き方」どおりに印刷できないということはあるとしても、テキスト全体としては、「これまでの書き方」に添った印刷を目指すのがいわば「筋」といえよう。つまり「表音的に書く」という志向は、「これまでの書き方」を実現した後の志向とみるべきであろう。（原則的には）「古典かなづかい」に違背してまで「表音的に書」こうとはしていないとまずはとらえておきたい。

かなづかいと表音とをつなぐ仮名文字遣

ハ行四段活用動詞「カナフ」に関して、未然形「かなは」が六十二回使われていることを述べた。この時期、未然形「かなは」は「カナハ」ではなく「カナワ」と発音されていた。その実際の発音といわば乖離していた「は」の箇所に四十回、字体〈ハ〉が使われている。字体〈ハ〉が「ワ」あるいは「バ」と発音する箇所に使われる傾向があることについては、夙に土井忠生が「「は」は両唇摩擦音のFaに発音してゐたので、「は」はその他の変体仮名を用ゐて写したが、これが語中語尾にあるときにはWaと発音するのが普通であつたから、本来「わ」の仮名遣であるものと区別して、特に「ハ」の字体を用ゐた。その用法を違へた例も少くはないが、正誤表の中で訂正したものもある位であるから、規則的に実行せんとしてゐた事が知られる」（一九三四年、靖文社『吉利支丹語学の研究』二十四頁）と指摘し、『ぎやどぺかどる』の上巻下巻の巻末に附された「字集」においても、右と同様の「傾向」があることが高羽五郎「ぎやどぺかどる字集（索引）」（『国語学資料』第六輯、一九五一年）において「「は」「ハ」「わ」の用法は他の仮名の異体字併用とは趣を異にし、落葉集での用法について土井忠生博士が指摘せられたやうに」「本書（引用者補：『ぎやどぺかどる字集』のこと）でも語頭以外のワ音を表す仮名として特に「ハ」を用ひやうとする意図がみとめられる」、「ワ音を表すには「わ」の仮名を用ひ得るにもかゝはらず、語頭以外に限つて「ハ」を用ひ、また「は」行の仮名にはすべて同様の事情があるにもかゝはらず「は」についてだけこのやうな方法をとつた字集編者の意図は、多分当時一般に「ハ」の仮名についてこのやうな特殊用法の傾向があつたのを借り用ひ、その範囲を明確にしたもので、発音を示すことを主眼とするならばもつと明確な徹底した方法をも採り得るものを、当時一般の仮名使用法の習慣をあまりまげない範囲で発音を示さうとしたため、表音の点では不徹底になつたのではないかと想像される」と述べていることについてはすでにふれた。こうしたことがらについては、稿者も『仮名表記論攷』（二〇〇一年、清文堂）第二章第二節の五「仮名文字遣からみた『落葉集』」において述べた。

D4は六十二回使った「かなは」のうち、四十回に〈ハ〉を使用しているので、〈ハ〉を使用しなかった二十二回が土井忠生がいうところの「用法を違へた例」、高羽五郎がいうところの「不徹底」ということになる。高羽五郎は「「は」行の仮名にはすべて同様の事情があるにもかゝはらず「は」についてだけこのやうな方法をとつた」と述べているが、そもそも一つの仮名に関して、複数の仮名字体が使われているといったような条件が整わなければこうした「方法」を採ることはできない。高羽五郎は「当時一般に「ハ」の仮名についてこのやうな特殊用法の傾向があつたのを借り用ひ」たものではないかと推測しているが、その推測はあたっており、となれば、当時、日本語を母語とする人々が行なっていた「かなづかい」に、新たに、このような「仮名文字遣」を導入したのではなく、そもそもこのような「仮名文字遣」と「かなづかい」とがいわばセットになって行なわれていたものを、そのまま導入したとみるのが自然であろう。

「ハ行転呼音現象」がおこったのは、西暦一〇〇〇年頃と考えられているが、「ハ行転呼音現象」がおこった後は、「トナウ」と発音する語を「となふ」と書いていたことになる。そういう説明はもちろんできるが、わざわざそうしていたのではなく、これまで「となふ」と書いてきた語を、そのまま「となふ」と書いていたのであって、その語が「トナフ」ではなく、「トナウ」という発音に変化した、と説明するのがことがらの「筋」にそった説明といえよう。だからこそ、語の発音に「関心がたかい」文献においては、いったんはかつて書いていたように語を書き、その語をどのように発音すればよいかを「注記」することになる。

ヤ行化は室町頃に起こった

柳田征司は『室町時代の国語』（一九八五年、東京堂出版）の第一章「音韻史上の室町時代」において、「ハ・ワ行下二段活用動詞のヤ行化」を採りあげ、「ワ行下二段活用動詞の未然・連用・命令形がヤ行の」「エ」「に転じると、終止・連体・已然形もヤ行に変わることとなった」（二十二頁）と述べ、また『日本語の歴史3』（二〇一二年、武蔵野書院）においては、「ア・ヤ行が合一化したエとワ行のエとが混同するようになると、勢力の強いヤ行動詞の方に引きつけられた。ワ行動詞の終止連体形ウウルと已然形ウウレは同一母音uが連続する望ましい形ではなかったために、ヤ行動詞のユル・ユレの方を選んだ。こうしてワ・ハ行下二段活用動詞のヤ行化が起きた。同一母音uが連続する形が望ましくなかったことはバ・マ行四段活用動詞が撥音便からウ音便へと移行して行った時、語幹末母音がuである動詞、例えば「ススム」（進）などが撥音便で止まっていることにも認められる」（一五〇頁）と述べている。柳田征司の言説は、「ワ・ハ行下二段活用動詞のヤ行化」がどういうプロセスをたどって起きたかを説明するところに力点が置かれているが、今ここでは、「ワ・ハ行下二段活用動詞のヤ行化」が室町期頃に起きた現象であるということを確認しておきたい。

ハ行下二段活用動詞「トナウ」の終止形「トナフ」、連体形「トナフル」は「ハ行転呼音現象」が起こった後は、それぞれ「トナウ」、「トナウル」と発音されていた。しかしそれはずっと仮名で「となふ」「となふる」と書かれていたので、そのように書かれていた。室町期頃になってヤ行化が起こり、ヤ行下二段活用をする「トナユ」という動詞がうまれた。この時に、ハ行下二段活用動詞「トナフ」がまったく消滅したとは考えにくい。消滅していないのだとすれば、ハ行下二段活用動詞「トナフ」とヤ行下二段活用動詞「トナユ」とが併用されることになる。後者の終止形は「トナユ」、連体形「トナユル」ということになるが、実際には終止形にも「トナユル」が使われることがあった。発音「ユ」は仮名「ゆ／ユ」と対応をもっているので、「トナユル」と発音する語は仮名で「となゆる／トナユル」と書くのがもっとも自然で、かつそこには無理はない。そう考えれば、新たにうまれたヤ行下二段活用動詞「トナユ」の連体形はまずは仮名で「となゆる／トナユル」と書かれたと推測される。発音「ユ」に対応する仮名「ゆ／ユ」があるにもかかわらず、それを使わずに「ふ／フ」を使うということは不自然としかいいようがない。これは「トナウ」「トナユル」という二つの語が存在していることが使用者にはっきりと認識されていることを前提としている。

D2には「となふる」がみられないので、D2はヤ行下二段動詞「トナユル」を使っていたとみる。一方、D4は仮名書き語形として「となふる」が多く使われているものの、「となゆる」も使われている。D4にはこの他に、「ヤ行下二段の語形が五例」みられるのであって、ハ行下二段活用動詞に対応する仮名書き語形専用にはなりきっていない。これは、ヤ行二段活用動詞「トナユル」が当該時期に使われていたことを示しているとみるのが自然であろう。そう考えた場合、仮名書き語形「となふる」をどのように考えればよいか。亀井孝はヤ行下二段活用動詞「トナユル」を（おそらくはかつて書かれていた形ということで）「となふる」と書いたものとみている。それはいわゆるキリシタン文献に限って、ということなのだろうか。ヤ行化が起こるまでは、ハ行下二段活用動詞しか存在しておらず、その連体形は当然「となふる」と書かれてきた。室町期頃になってヤ行化が起こり、「トナユル」と発音する語形がうまれると、かつて「となふる」と書いていた語は「トナユル」と発音するのだ、あるいは発音しなければならない、というみかたが生じるかどうか。

D4に「となふる」が多く使用されていることは「事実」であるので、この「事実」を起点として考えることになるが、稿者は「D4は仮名勝ちな表記体を選択しているので、かつて仮名でどう書かれていたかということに配慮した。その結果、「となふる」という形を使って書くことにした。しかし、当該時期にはヤ行化した動詞「トナユ／トナユル」が使われることがあったために、その動詞と対応する「となゆ／となゆる」という形が使われることもあった。仮名書き語形「となゆ／となゆる」は「トナユ／トナユル」という語形と対応する。したがって当然のことであるが、発音は「トナユ／トナユル」ということになる。「となふる」は仮名書き語形であるので、これがいかなる語をあらわしているかを考える必要があるが、やはりもっとも自然な語は（「トナユル」ではなく）「トナフル」であると考える。

そう考えると、D4に仮名書き語形「となふる」「となゆる」が併存している理由は、当該時期にハ行二段活用動詞「トナフ」、ヤ行下二段活用動詞「トナユ」が併用されていたことにある、と推測する。D4が「となふる」を選択しているると思われるのは、先に述べたように、かつて書かれていた仮名書き語形を選択したためと推測する。それは必然的にD4において、ハ行下二段活用動詞とヤ行下二段活用動詞とを併存させることになった。仮名書き語形として「となふる」を選択し、それは語としては「トナユル」と対応する（したがって発音として「トナユル」と発音する）という「みかた」はまったく成り立たないわけではない。しかしその可能性はたかくはないと考える。

亀井孝は「けだしローマ字版においては事情をおなじくしない。すなわち、たとえば「かぞふる」に対応するローマ字つづりとしてひとの期待するところは《cazôru》であるかもしれないが、ローマ字版としては、後期版も例外なしに《cazoyuru》のたぐいで貫いているのである」（一八八頁）と述べている。ローマ字版はそもそも仮名を使わないので、（そういう意味合いにおいて）「かなづかい」を意識する必要が仮名で書く場合ほどはない。つまり「かつて書かれていた仮名書き語形」を仮名で書く場合ほど配慮する必要がないことになる。

仮名を使って書く場合、「かつて書かれていた形（＝これまで書いていた形）」を配慮する必要がうまれ、その配慮の程度は文献作成の目的によって、また文献作成者によってさまざまであろうが、「かつて書かれていた形」からまったく乖離することはできないと思われる。それを「表記の保守性」と呼ぶこともあるが、そもそも文字化ということ自体が、時間を超えて言語を残す、ということにかかわっている以上、それは当然のことといえよう。ここまでの行論では、「かなづかい」の枠組みの強さを改めて確認することになった。

『落葉集』の場合—漢字を媒介にする

それが翻訳であったとしても、自身が文章を書き進めていく場合は、まず文章に使う語を選択し、その語をどう書くか、という「順番」があるので、まず「語（形）」が選択されることになる。「トナウ／トナウル」という語（形）を使うか、「トナユ／トナユル」という語（形）を使うか、ということがまず選ばれる。しかし、漢字に振仮名を施す場合は、（それも語形選択といえばいえるが）文脈がないために、共時的に複数の語形が使用されていた場合、複数語形が出現しやすいのではないだろうか。

例えばD4では「ソユル」が使われていなかったが、『落葉集』においては、「ソフル」が「添」字の訓として三例（本篇三六丁裏・色葉字集八丁裏・小玉篇七丁表）、「副」字の訓として一例（本篇三十二丁表）、合計四例みられる一方で、「副」字の訓として「ソユル」一例（色葉字集八丁裏）がみられる［註10］。

あるいは「ヒカフル」が、「減」字の訓として二例（色葉字集三丁裏・小玉篇七丁表）、「扣」字の訓として二例（色葉字集七丁裏・小玉篇六丁表）、合計四例がみられる一方で、「減」字の訓として「ヒカユル」二例（色葉字集二十一表・小玉篇十七丁表）がみられる。

抄物の場合

「カゾフ／カゾユ」を例とする。D4には「かそふ」「かそふる」がそれぞれ一例みられ、例数は少ないがひとまずは「ハ行下二段活用専用」となっている。『落葉集』においては、「かそふ／かぞふ」が、「員」字の訓として一例（小玉篇十一丁裏二行目）、「計」字の訓として七例（色葉字集二丁表七行目・本篇五十九丁表六行目・本篇四十丁表一行目・小玉篇十四丁裏七行目・本篇二十八丁裏六行目・本篇二十二丁表二行目・本篇三丁表六行目）、「歯」字の訓として一例（色葉字集二丁裏三行目）、「数」字の訓として一例（小玉篇十三丁裏六行目）、「算」字の訓として三例（色葉字集二丁裏一行目・小玉篇十四丁裏七行目・小玉篇十八丁表二行目）「籌」字の訓として二例（色葉字集二丁裏一行目・小玉篇十四丁裏七行目）、「料」字の訓として一例（小玉篇十八丁表二行目）の合計十六例みられ、「かそふる／かぞふる」が「算」字の訓として二例（色葉字集六丁表四行目・本篇二十丁表八行目）みられる。そして「カソユ／カゾユル」にあたる訓はみられない。D4の使用例数はそもそも少ないが、ひとまずD4と『落葉集』とが「ハ行下二段活用専用」であるとみておくことにする。

天草版『平家物語』巻第一には「つきよ、やみのよのかわりゆくをみて、三十日をわきまえ、ゆびをおってかぞゆれば、ことしはむつになるとおもうた」とあり、「カゾユ／カゾユル」が使われていたことはいうまでもなく明らかである。

『抄物資料集成　別巻索引』（一九七六年、清文堂出版）（以下「索引」）によって『史記抄』（寛永二年刊古活字本、内閣文庫蔵）に「カゾフ／カゾユル」がどのように使われているかを調べてみる。「索引」では「カゾユル（数・揲・歯・計ユル）」を見出し項目として、十七例の使用箇所を示している。ただし、「索引篇凡例」の「三　索引の記述」の2には「ハ行下二段動詞は、明記されているもの以外は、「―ユル」形に統一する」と述べられており、すべてが「カゾユル」ではない。というよりは、「数ル」（二87オ・一四40オ・一六27オ）や「数レハ」（八35ウ）のように書かれている場合は「カゾフ／カゾユル」が使われているか「カゾユ／カゾユル」が使われているかの判断がそもそもできない。「索引」が示した十七例のうちで、いずれの語形が使われているかが判断できる例は、「数フル」（七37ウ）と「カソフレハ」（四35オ）の二例のみであった。「索引」がハ行下二段に活用する動詞を「―ユル」にまとめたことには「索引」編集者の「判断」

がはたらいていることはいうまでもないが、その「判断」を話題にするのではなく、とにかく、「カゾフ／カゾフル」の使用が確認できる。その一方で、積極的には「カゾユ／カゾユル」の使用は確認できない。

ここまで述べてきたことは、『イエズス会版キリシタン要理』、第六章「付説」の§2「〝準かなづかい〟をめぐる動揺くさぐさ」のa「カゾユル、ワキマユルのたぐいのとりあつかいについて」にかかわることがらである。続くbでは「ムとよむべき「ふ」―付（つけたり）ミとよむべき「ひ」―」という小見出しがたてられている。引用しておく。

日ポ辞書に《カタブクル》の項を検索するならば、「Bで書くけれども日常にはMで発音する」とのみ記して、《カタムクル》を本項目に、そこを参照せしめている。このように語中にムをもっていて、しかしこのムを室町時代から江戸時代へかけてかなでは「ふ」と書いていたたぐいの語は若干ほかにもある。これはラ行音に先行するムにおいていちじるしい。かなづかいの書（たとえば『類字仮名遣』や『初心仮名遣』）にもそのとりあげるところとなっているが、ここはこの〝よみくせかなづかい〟（または、逆説めくかしれぬが〝正書法かなづかい〟）についてあげつらうばしょではないから、ふかいりはつつしんでおく。ただ念のためにいっておくならば、もとよりかな文字はこれを濁音によむべき個所といえどもかならずしも濁点はほどこさぬが古来そのならいであるところから、ことはこのばあいすっきりとはわりきりがたいものをのこすけれど、当該の「ふ」についてはそこに濁点をほどこさぬことことそれのムであることのやはり標識であったものとほぼ認められる。（したがって、すでに一般にかなり濁点つきのかながみられる文献でさらにまた当該の「ふ」についてもわざわざ濁点をほどこしてあるそういう実例にかえって出くわしたばあいには、これはたとえば擬古の意識にもとづくなど、わざわざそうしてあるものと解すべきである。このような「ぶ」の例は、概してまれであることをもってしてからもまた、そのように解される。しょせんそういう「ぶ」の例は、それがあっても、多数の例にそむくものを〝例外〟と呼ぶかぎり、例外にほかならぬ。）

さて、たまたまドチリナには、前期版に「かたふくる」後期版に「かたむくる」の例がみえる。そして、ローマ字の方は前後を通じて、いずれもカタムクル《catamuquru》である（日ポ辞書「カタブクル」の項の説明は、かなに「かたふくる」と《〝無濁点〟のブ》で書いた場合には、このかなをブではなしにムとよむのが口語であるということをじつは不精確に指定しているものと解すべきであろう。もとより、この解釈は「かたぶくる」とあるもこれをカタムクルとよんだり、さらにはカタムクルをふでに「かたぶくる」と書いたりする人もまたいたであろうことをまでもいなむものでは、これまたない）。他方、おなじたぐいの語として前期版に「とふらひ」後期版に「とぶらひ」の例がみえる。そして、ローマ字版では、前者に対応するローマ字は《tomurai》後者に対応するローマ字は《toburai》である（ちなみに、いずれかといえば、この「ぶ」とにごる方の形は、すでに口語からは退いていたはずで、このことは日ポ辞書のその項からもうらがきされる）。また、前期版にこれは対応する本文をもたぬ個所からの例であるが、「いばらのかふり」（十四オ）「ごらうりやの御かふり」（十四ウ）とみえるこの後期版の二例、もとよりローマ字版では《camuri》と期待どおりに現れる。

ここにげしがたきは後期版の手なおしのしかたである。すなわち、なぜ一方では「かたふくる」をしりぞけて「かふり」とあい容れぬ「かたむくる」をえらび、もう一方ではまた、わざわざ「とぶらひ」をこのんだのか。カタブクルに比し、トブライの方は、かたいいまわしとしてならば、いまだ生きていたものと、そう推定しえないではない。しかし、それにしても後期版の手なおしそのものにはやはりすじの通らぬものありと、そうみた方がよいであろう。

つぎに、〝つけたり〟として、べんぎここに、「ひ」のかなと「み」のかなとにかかわる〝準かなづかい〟のゆれにも併せて言及しておくこととする。すなわち、前期版には「かなしひ」「たのしひ」とあるを後期版は「かなしみ」「たのしみ」と改めている。これは平俗の線をえらんだものとみてよいであろう。しかし前期版にも「かなしみ」の例がみえる。しかも、この個所を後期版は、あるいはそのまま踏襲し、あるいは「かなしひ」に改めてもいる。それそのものとして、そのかぎりでは、これは〝準かなづかい〟のゆれにちがいないが、しかし手なおしの方向のその交錯についていえば、後期版はいたずらに前期版に異をたてているかにみえる。（一八九～一九一頁）

また亀井孝は「「オ段の開合」の混乱をめぐる一報告」（『国語国文』第三十一巻第六号、一九六二年、後一九八四年吉川弘文館刊『亀井孝論文集3』再収、引用は後者による）において、次のように述べている。

最後に、わたくしは、キリシタン版の平家物語が、その実例は、たとへ、それほどに多くはないにせよ、ときに「かたこと」とみとむべきものの混入をさへも、とにかく、ゆるしてゐること、このことについて、ここに、ひとこと、言及する。

ちなみに、ここでは、日葡辞書が漢語「国母」に対して、「コクボ」と「コクモ」とのかなに、それぞれ、対応すべき二形をかかげ、前者をまされりとしてゐる、そのやうな差別は、問題にしない。平家物語には「国母」の例が、たくさん、出てくる。これらは、一貫して、「コクモ」の方のすがたをとってゐる。「国母」といふことばそのものがどこまで口語にもちゐられたものかはべつにして、「コクボ」と「コクモ」とでは、呉音系の「コクモ」の方が平俗で、その点、口語的表現としては、むしろ、これが好もしいいひかたであったのではなかからうか。このばあひには、平家物語が「コクボ」のいひかたをとってゐないといふ、この否定の事実を、平家物語そのもののために、みとめていいであらう。また、さらに考へるに、「かたこと」をどう定義するのが、この語のために適切かといふことも、このことそのものとして、問題とはなるが、わたくしは、日葡辞書がこれにあたへるところの説明は、ほぼ「かたこと」といふことばの真意をとらへてゐるとおもふ。すなはち、それによると、「かたこと」とは、「書くとほりに発音されない、くづれたことば」なのである。（ちなみに、わたくしは、できれば、なるべく近い将来に、ある具体的な問題の、その実証的なとりあつかひのために、「かたこと」と「かなづかひ」と「よみくせ」とのちがひを、これらをたがひにからませながら、述べてみたい希望をいだいてゐる。これらにかかはることばは、いづれもが、ある意味ではすべて、書くとほりに発音されないことばである。ここでは、「かたこと」そのものの概念なり、定義なりには、ふかいりしないこととする。）どのみち、「こくも（国母）」は、「かたこと」の領域におとしめしりぞけらるべきかたちではない。（二五一〜二五二頁）

『日葡辞書』の「カタブクル」

『日葡辞書』には次のように記されている。

Catabuqe, ru. カタブケ、クル（傾け、くる）Catamuqe, uru（傾け、くる）の条を見よ。なぜなら、B字を用いて［Catabuqe, ru と］書かれるけれども、話し言葉ではMを以て［Catamuqe, ru と］発音されるからである。

亀井孝は「B字を用いて」を、引用したように、仮名で「かたふくる」と濁点を付けない「ふ」で書いた場合を指すとみて、そう書いている場合には、この仮名「ふ」を「ブではなしにムとよむのが口語であるということを」「指定しているものと解すべきであろう」と述べているが、幾つか疑問点がある。

まず「B字」にそのまま対応する仮名が存在しないことからすれば、「B字」を仮名から探すのではなく、ローマ字の「B字」をもって書く語とみるのが穏当ではないか。仮名で考えれば、濁点を附した「ぶ」もしくは「ふ」が候補ということになる。当該時期においては、濁音音節にあたる仮名に濁点を附すことが徹底していなかったと思われ、そのことからすれば、（現実的には）まずは「ふ」、そして時として濁点が附された「ぶ」を考えることになろう。そして、そのように「ふ」あるいは「ぶ」と仮名では書くが、その語のその箇所は、話しことばでは「ム」と発音する、と述べているのではないか。稿者の表現で説明すれば、話しことばでは「カタムクル」という語を使うが、書きことばでは「カタブクル」という語を使う。「カタブクル」だから当然、仮名では「かたふくる」あるいは「かたぶくる」と書く。つまりこれは話しことばと書きことばとで異なる語形を使う語（群）があることの説明ではないか。それは結果的には「かたふくる」と書いてある語形を「カタムクル」と（話しことばでは）発音するということになる。書きことば中に話しことばが入ることも当然あろう。その場合は、想起している語形は「カタムクル」で、それをごく自然に仮名で「かたむくる」と書くことは当然考えられる。この場合は、しらずしらずのうちに、書きことば中に話しことばが混在していることになる。改めていうまでもないが、無条件ですべての「ふ」を「ム」と発音するといっているわけではない。「アソブ」と発音する語を仮名で「あそふ」と書くが、「あそふ」と書いてあるその「ふ」を「ム」と発音するといっているわけではない。

結語

亀井孝は「カゾユル」という語がうまれた時期において、仮名で「かそふる」と書かれている語は、「カゾユル」と「よむ」とみ、そうしたことを「準かなづかい」と呼んだと覚しい。「準」は「発音するように書かない」あるいは「書かれたかたちから期待されるようには発音しない」ということが「かなづかい」と何らかの重なり合いをもつ、ということであろう。

仮名で「かそふる」と書いてある語は、かつては「カゾフル（カゾウル・カゾール）」と発音する語であったが、今は「カゾユル」と発音する語であるという認識があったとして、それを「かそふると書いてあるが、カゾユルと発音するのだ」と表現することはあるいはあるかもしれない。しかし、それは「カゾユル」と発音している語を、仮名で書く時には（いわばわざわざ）「かそふる」と書くのだということではないと考える。
そしてまた、仮名では「かたふくる」と書いているが、その語の発音は「カタムクル」であるということではなく、仮名で書く場合には「書きことば」として従来書いていたかたちを使うが、「話しことば」ではその語は「カタムクル」という発音をする語が対応しているという「みかた」が穏当ではないだろうか。

【註】

[註1]『日本イエズス会版　キリシタン要理』が出版されたのは、一九八三年十一月二十四日であるが、「はしがき」には「一九七九年の七月の初旬についにいちおうのしあげをとげ」、「いよいよ印刷にまわすまでにはまた遅滞を重ねて一九七九年も歳のせに迫った」と記されている。この「はしがき」には「一九七九・晩冬　龜井孝」とあるので、一九七九年には成稿していたと思われる。本章で話題にすることがらにかかわる論文として、安田章「吉利支丹仮字遣」（『国語国文』第四十二巻第九号、後に二〇〇九年、清文堂出版『仮名文字遣と国語史研究』に再収）があるが、この論文は『日本イエズス会版　キリシタン要理』成稿前の昭和四十八（一九七三）年に発表されている。

[註2]『どちりなきりしたん』（カサナテンセ図書館蔵本）には四つの「ローマ字合体略符号」（『どちりなきりしたん総索引』索引凡例四頁）がみられるが、「総索引」の「読み」に従い、「キリシト」「ゼズキリシト」「ゼズス」「デウス」と翻字する。

[註3]「古典かなづかい」については、これまで「古典かなづかい」と書いてきたので、本書でもその書き方を採ることにする。また稿者は「かなづかい」に濁点使用は含まれないと考えているので、「古典かなづかい」は「およふ」であると述べた。引用したように、『どちりなきりしたん』（カサナテンセ図書館蔵本）は濁点をかなりな程度使っており、そのことについては考えておく必要がある。それはつまり、『どちりなきりしたん』を初めとする、いわゆる「国字本」が国字、すなわち漢字と仮名とで印刷されてはいても、同時期に日本語を母語とする者によって書かれた「国内文献」と平行性をもっているかどうかということについて検証しておく必要があるということである。

[註4]『仮名文字遣』諸本を、見出し項目数の多寡によって並べてみる。丸括弧内は見出し項目数。1～6からすれば、

まずは見出し項目「をそれ」が採られ、そこに1、2のように「おそる（ゝ）の時はおなり」という注記がなされていた。その注記に基づいて「お部」に見出し項目「おそる」がつくられ、そこに文献内の「平行性」を保つための注記がなされたのが、4～6と「みなす」ことができる。

1　文明十一年本（一〇八〇）をそれ　恐　怖　畏　おそるの時はおなり（を部）
2　永禄九年本（一一三四）をそれ　恐　怖　畏　おそるゝ時はおなり（を部）
3　天正六年本（一七〇一）をそれ　恐　怖　畏（を部）
4　慶長版本（一八八一）おそる　をそれの時はを也　怖　畏（お部）
　　をそれ　おそるの時はお也　恐　怖　畏（を部）
5　明応九年本（一九一六）おそる　をそれの時はを也　怖　畏（お部）
　　をそれ　おそるの時はお也　恐　怖　畏（を部）
6　文禄四年本（一九四四）おそる　をそれの時はを也　怖　畏（お部）
　　をそれ　おそるの時はお也　恐　怖　畏（を部）

［**註5**］　福島直恭「定家仮名遣の社会的意義」（『国語学』一六六号、一九九一年）において、調査対象となっている五文献の「一つ以上において仮名表記された形が複数回出現した語のうち、同一文献内での表記が（仮名づかいというレベルで）統一されていた語とその仮名表記を示した」〈表1A〉、「同一文献内において、仮名づかいのゆれがみられた語をまとめた」〈表1B〉が提示されている。その上で、福島直恭は「調査の結果から、定家仮名遣に従おうという意識があると考えられる文献内部では、およそ九五・五％の語が一種類の仮名で表記されているということを明らかにした」と述べている。このことからすれば、〈表1A〉によって、ある文献が「定家仮名遣」を採るかどうかを、いわば「判定」していることになる。そしてこの〈表1A〉は福島直恭によって提示されたものである。福島直恭は当該論文の注1において、「本稿で「定家仮名遣」とよぶものの中には、藤原定家自身の用字法は含まない」と述べている。論文読者は、

この〈表1A〉を「定家仮名遣のリスト」のようにうけとめるのではないかと推測する。〈表1A〉には「かは（川）」も含まれている。「カワ（川）」という語、一語を一貫して「かは」と書いているだけで、その文献が「定家仮名遣に従おうという意識がある」とみなすことはできないことはいうまでもなく、となれば、福島直恭は〈表1A〉に載せられている語を、そのように書いている場合に、そのようにみなしていると覚しく、「かなづかい」が体系をなすと認めていることが窺われる。〈表1A〉には「およふ」と「をよふ」とが載せられている。これがともに「オヨブ（及）」という語であった場合、ある文献においては、「およふ」という書き方で安定しており、ある文献においては「をよふ」という書き方で安定している、ということを示していると思われる。〈表1A〉を作成した福島直恭の「手順」は理解するが、そうであるとすれば、「オヨブ（及）」という語に関しては、「およふ」と書いても「をよふ」と書いても「定家仮名遣」であるということになる。

[註6]『日本イエズス会版キリシタン要理』第五章「翻訳の成長」の§1「表記・用字の整合」において、「つぎのような諸例もまた〝かなづかい〟をふまえて訂されたものである」（一三五頁）と述べ、前期版の「おこなはせ」「おはり」が後期版で「をこなはせ」「をはり」に訂されている例を（Ⅰ）、前期版の「御をや」「をがみ」「をきあがりて」「をちたる・をちゐたる」がそれぞれ後期版で「御おや」「おがみ」「おきあがりて」「おちたる・おちゐたる」に訂されている例を（Ⅱ）と分けて、例示している。「オコナフ（行）」の「古典かなづかい」は「おこなふ」、「オワリ（終）」の「古典かなづかい」は「をはり」であるので、そもそも前期版が「古典かなづかい」どおりに書かれているわけではないが、後期版も、前期版の非「古典かなづかい」を「古典かなづかい」に訂しているわけではないことになる。

[註7] 平成三（一九九一）年六月二十八日付けの内閣告示第二号として示された「外来語の表記」は「前書き」の1において「この『外来語の表記』は、法令、公用文書、新聞、雑誌、放送など、一般の社会生活において、現代の国語を書き表すための「外来語の表記」のよりどころを示すものである」と述べており、「「外来語の表記」のよりどころ」として提示されていることが明らかである。「留意事項その1（原則的な事項）」の2には「「ハンカチ」と「ハンケチ」、「グローブ」と「グラブ」のように、語形にゆれのあるものについて、その語形をどちらかに決めようとはしていない」とあり、3には「語形やその書き表し方については、慣用が定まっているものはそれによる」とある。こ

の言説からすれば、「慣用」が複数ある場合を認めていると思われる。3では「語形」と「その書き表し方」とあって、「語形」と「（語の）書き方」とは概念として区別されていると思われる。付録されている「用例集」の「凡例」の2には「外来語や外国の地名・人名は、語形やその書き表し方の慣用が一つに定まらず、ゆれのあるものが多い」とあり、ここにも「語形やその書き表し方」という表現がみられる。「用例集」には「イエーツ」と「イェーツ」、「インタビュー」と「インタヴュー」、「ウイスキー」と「ウィスキー」、「エルサレム」と「イェルサレム」とが併記されている。「エルサレム」と「イェルサレム」とは発音が異なると思われる。「発音が異なると思われる」とは、両者を異なったかたちで発音することが可能だと思われるということであるが、こういう場合は、発音が異なるのだから、語形が異なるとみることができる。「ウイスキー」と「ウィスキー」の場合はどうか。前者の「ウイ」を[ɯ·i]、後者の「ウィ」を[wi]とみることはもちろんできるが、どちらの書き方であっても、[ɯ·i]と発音するということもありそうで、この場合は、（そうしている人の認識としては）語形は一つで、書き方が二つあることになる。「ウイ」を[ɯ·i]、「ウィ」を[wi]に（厳密に）対応させている人の認識としては、「whiskey」に対応する外来語形が二つあることになる。

［**註8**］ 遠藤邦基『読み癖注記の国語史研究』は、「読み癖」についての専書で、「読み癖」について考える際の必読書と考えるが、「読み癖」についての定義は記されていないと覚しい。

［**註9**］ 「ハ行下二段活用」をしていた動詞が「ヤ行下二段活用」をするようになる、ということを観察するにあたって、「ハ行下二段活用」をする動詞を一つにくくることは自然である。「ハ行二段活用」をする動詞が（原理的には）なべて同じように動くことが推測されるためである。つまりこれは「体系的な変化」であることがまずは推測できる。しかしながら、この変化の結果としてヤ行二段活用をする動詞がうまれ、ハ行二段活用をする動詞と（ある時期にしても）併用された場合、すなわち「ハ行下二段活用」をする動詞と「ヤ行下二段活用」をする動詞とが併存した場合、その併存のあり方は、語ごとに異なる可能性がある。そうであれば、これは文法的な事象ではなく、語彙的な事象になったということになる。

［**註10**］ 小島幸枝編『耶蘇会板落葉集総索引』（一九七八年、笠間書院）は「解説」十九頁において「ハ行下二段活用」と「ヤ行下二段活用」とが併存している例についてふれている。

あとがき

二〇一六年十月十九日から二〇一七年一月九日まで、三菱一号館美術館で開催された「「拝啓　ルノワール先生」展」に、文化の日の少し前に行った。

「三菱一号館」は、明治二十七（一八九四）年に、三菱が東京丸の内に建設した初めての洋風事務所で、イギリス人建築家、ジョサイア・コンドルによって設計されている。老朽化のために、昭和四十三（一九六八）年に解体されたが、コンドルの設計に基づいて復元され、平成二十二（二〇一〇）年に三菱一号館美術館に生まれ変わった。復元に際しては、明治期の設計図や、各種の文献や写真を参考にし、解体時の実測図の精査も行なって、保存されていた部材を一部再利用したほか、製造方法や建築技術などの再現も試みたという。

稿者が現在勤務している清泉女子大学の本館も、大正六（一九一七）年に、旧島津公爵邸としてコンドルが設計して建てられた、イタリア・ルネサンス様式の洋館で、二〇一二年三月に東京都指定有形文化財となっている。それもあって、一度訪れてみたかった美術館だった。展示室にある煖炉などは、たしかに大学にあるものと似ているように思われ、なんとなく親近感をもった。きれいな建物だった。

「「拝啓　ルノワール先生」展」はおもしろいタイトルであるが、ルノワール（一八四一～一九一九）の作品と、ルノワールに師事していた梅原龍三郎（一八八八～一九八六）の作品とをともに展示するという「趣向」だ。ただし、図録中で三菱一号館美術館館長の高橋明也は「二人の画家の関係性といっても、実はごく一方的な梅原の側からのアプローチでしかない。今回の展覧会は、一見、こうした非常に不均衡で一方的な構図の中で、若年の梅原が雲の上のような存在であったルノワールに対して、どのような視座を持とうとしたの《ママ》を考察する試みである」（八頁）と述べている。

本書の試みはまさしくそのような、稿者側からの「一方的なアプローチ」である。採りあげた三人の先達は稿者にとって「雲の上のような存在」といってよい。そう考えると「拝啓　ルノワール先生」はよくわかる。本書は三人の先達を採りあげているので、「拝啓　××先生」に一人の名前を入れることはできないが、稿者が雲の上の先達に対して勝手に出した手紙のようなものだと思っていただければよい。

先達の「設計図」はきちんと解読できているか、はなはだ心もとないし、その精緻な「設計図」を読み解くことは未熟な建築家にとって荷が重いけれども、また少しでも読み解けたと感じた時の喜びはそれが「ひとりがてん」であっても大きいし、多くのことを得た、と考える。

右の展覧会においては、最後のあたりに、梅原龍三郎が一九七八年に画いた「パリスの審判」が展示されていた。この作品は、一九七八年にルノワールの「パリスの審判」が日本に持ち込まれた時に、アトリエにその絵を運び込ませて画いたという。その時梅原龍三郎は九十歳を超えていたが、展示されていた絵は強いエネルギーとみずみずしさとを感じさせるものだった。九十歳を超えてなお、「現役」でいることはすばらしい。一日一日を大事に丁寧に生きて、心身の健康を保っていきたい。

二〇一六年十一月

今野真二

は

ま

や

ら

索引

あ

か

さ

た

かなづかい研究の軌跡

著者

今野真二

（こんの・しんじ）

1958年、鎌倉市に生まれる。早稲田大学大学院博士課程後期退学、高知大学助教授を経て、清泉女子大学文学部教授。専攻は日本語学。

著書に、『仮名表記論攷』（清文堂出版、2001年、第三十回金田一京助博士記念賞受賞）、『文献から読み解く日本語の歴史』（笠間書院、2005年）、『消された漱石』（笠間書院、2008年）、『文献日本語学』（港の人、2009年）、『振仮名の歴史』（集英社新書、2009年）、『大山祇神社連歌の国語学的研究』（清文堂出版、2009年）、『日本語学講座』（清文堂出版、全10巻、2010-2015年）、『漢語辞書論攷』（港の人、2011年）、『ボール表紙本と明治の日本語』（港の人、2012年）、『百年前の日本語』（岩波新書、2012年）、『正書法のない日本語[そうだったんだ！日本語]』（岩波書店、2013年）、『漢字からみた日本語の歴史』（ちくまプリマー新書、2013年）、『常識では読めない漢字』（すばる舎、2013年）、『『言海』と明治の日本語』（港の人、2013年）、『辞書からみた日本語の歴史』（ちくまプリマー新書、2014年）、『辞書をよむ』（平凡社新書、2014年）、『かなづかいの歴史』（中公新書、2014年）、『日本語のミッシング・リンク』（新潮選書、2014年）、『日本語の近代』（ちくま新書、2014年）、『日本語の考古学』（岩波新書、2014年）、『「言海」を読む』（角川選書、2014年）、『図説日本語の歴史[ふくろうの本]』（河出書房新社、2015年）、『戦国の日本語』（河出ブックス、2015年）、『超明解！国語辞典』（文春新書、2015年）、『盗作の言語学』（集英社新書、2015年）、『常用漢字の歴史』（中公新書、2015年）、『仮名遣書論攷』（和泉書院、2016年）、『漢和辞典の謎』（光文社新書、2016年）、『リメイクの日本文学史』（平凡社新書、2016年）、『ことばあそびの歴史』（河出ブックス、2016年）、『学校では教えてくれないゆかいな日本語[14歳の世渡り術]』（河出書房新社、2016年）、『北原白秋』（岩波新書、2017年）などがある。

平成29（2017）年4月10日　初版第1刷発行

ISBN978-4-305-70843-4 C0095

発行者

池田圭子

発行所

〒101-0064

東京都千代田区猿楽町2-2-3

笠間書院

電話 03-3295-1331 Fax 03-3294-0996

web :http://kasamashoin.jp/　mail:info@kasamashoin.co.jp

装丁 笠間書院装幀室　印刷・製本 モリモト印刷